AF346692

DES

BREVETS D'INVENTION

PARIS.—IMPRIMÉ CHEZ BONAVENTURE ET DUCESSOIS
55, QUAI DES GRANDS-AUGUSTINS.

DES
BREVETS D'INVENTION

ET

DE LEUR INFLUENCE SUR L'INDUSTRIE

PAR M. PERPIGNA

AVOCAT

Sic vos non vobis.....

PARIS

E. DENTU, ÉDITEUR

LIBRAIRE DE LA SOCIÉTÉ DES GENS DE LETTRES

PALAIS-ROYAL, 13, GALERIE D'ORLÉANS.

1861

PRÉFACE

L'industrie, comme l'agriculture et le commerce, a droit à la protection éclairée du gouvernement, aujourd'hui surtout que, par suite des règlements nouveaux, elle a engagé la lutte avec ses rivales étrangères.

C'est en se plaçant à ce point de vue, et en étudiant la question des brevets d'invention dans ses rapports avec l'industrie, que l'on s'est demandé si le privilége qu'un brevet confère est réellement utile et s'il mérite d'être conservé.

Le *Constitutionnel*, dans un article qui a paru le **28** novembre 1860, reproduit avec netteté et précision les objections généralement faites contre les brevets d'invention, objections qui portent à la fois sur le principe même dont ils sont émanés et sur les effets qu'ils sont censés produire.

Un second article, du **29** du même mois, fait connaître et discute un nouveau système de législation proposé pour remédier aux inconvénients nombreux que l'on attribue aux brevets d'invention.

Entièrement convaincu que les critiques sérieuses dont le premier de ces articles est l'écho fidèle reposent sur des assertions inexactes, nous avons pensé que les laisser s'accréditer sans réfutation serait ou en méconnaître la valeur ou les accepter comme fondées.

Nous croyons donc devoir exposer les motifs de notre conviction et l'étayer de faits assez concluants, pour qu'elle se présente avec les garanties de la vérité, au moment de la discussion qui s'élèvera sans aucun doute au sein des Chambres relativement à la loi des brevets d'invention.

Nous diviserons notre travail en trois parties :

Dans la première, nous discuterons les objections que les brevets d'invention ont soulevées ;

La seconde aura pour objet l'examen du système de législation qui a été proposé pour remplacer les brevets d'invention;

La troisième se rapportera à l'étude des

réformes nécessaires pour donner aux brevets une valeur réelle.

Enfin, à l'Appendice nous avons jugé
utile de reproduire la loi qui régit actuellement les brevets d'invention afin de permettre au lecteur d'y recourir en cas de
besoin.

INTRODUCTION

Avant d'entrer en matière, nous rappellerons comme principes :

1° Que le droit d'un inventeur sur son invention est un *droit de propriété*, et doit être respecté comme tel ;

2° Que la protection accordée aux inventeurs, sous le nom de brevets d'invention, est fondée sur l'abandon qu'ils font au public de leur propriété, après l'expiration de leur privilége ;

3° Que les brevets d'invention ne sont pas une cause d'entrave pour l'industrie, qu'au contraire ils sont un des principaux éléments de son développement ;

4° Qu'enfin, s'ils ne donnent que rarement aux inventeurs une rémunération complète, la faute en doit être attribuée, non pas aux brevets, mais à l'inefficacité de la loi, qui ne peut faire respecter la propriété industrielle à l'égal de tout autre genre de propriété.

Notre but, hâtons-nous de le dire, est de réclamer, en faveur des inventeurs, et pour prix de leurs travaux, le bienfait d'une législation plus libérale et plus éclairée que celle du 5 juillet 1844.

En effet, lors de la rédaction de cette loi, on considérait un inventeur comme un réactionnaire qui voulait ramener l'industrie sous le joug de fer des corporations d'autrefois, comme un ennemi de tout progrès et de toute liberté, qui tendait à faire revivre à son profit d'anciens priviléges ressuscités sous le nom de brevets d'invention; ces priviléges, disait-on, ne constituaient rien moins qu'un démembrement de la propriété publique en faveur de quelques élus.

On concevait que ces objections se fussent élevées dans la discussion de la loi de 1791 sur les brevets d'invention. L'industrie gémissait encore sous la tyrannie des maîtrises et des jurandes, et avait de bonnes raisons pour redouter les priviléges.

Mais nous pensions que le temps avait fait justice de ces idées, et qu'à l'époque actuelle, où le génie de l'invention se révèle dans toutes les branches de l'industrie par des réalisations aussi admirables qu'utiles, on rendrait pleine et entière justice aux inventeurs en assurant efficacement l'exercice de leurs droits.

Ces espérances paraissent complétement déçues quand on veut prêter l'oreille aux at-

taques dont les brevets d'invention et le privilége qu'ils confèrent sont de toutes parts l'objet;
on prétend que c'est une institution vicieuse,
qui retarde et entrave l'industrie, qui enchaîne
le progrès et le tient en servage.

La législation protége cependant avec une
rare sollicitude, les productions de l'écrivain,
du musicien, de l'artiste ; toute contrefaçon de
leurs œuvres, soit en France, soit dans les pays
avec lesquels la France a conclu un traité, est à
l'instant réprimée et punie, et l'auteur d'un
livre, d'un tableau, d'une statue, est assuré de
conserver intacte la propriété de son œuvre.
Cette protection, que l'on trouve équitable et
toute naturelle, devient néanmoins une entrave,
quand ces œuvres de la pensée, au lieu de revêtir
une forme littéraire ou artistique, se réalisent
en produits utiles, ou en machines intelligentes,
et quand leur auteur, s'inspirant des mêmes pré-
tentions que l'écrivain ou l'artiste, désire s'en
assurer la jouissance pendant un temps limité.

Au point de vue absolu, les droits des écrivains, etc., et ceux des inventeurs n'ont-ils pas la même origine ? Nous dirons plus, l'auteur d'une découverte utile n'a-t-il pas mieux mérité de la patrie que l'auteur d'un roman ? et cependant celui-ci, usant librement d'un droit que nul ne peut lui contester, recueille sans tracas les fruits de son œuvre : celui-là, pendant le cours de sa jouissance éphémère, jouet d'une protection illusoire, ne se ruine que trop souvent, parce qu'il a eu le malheur de faire une découverte importante.

Il faut néanmoins reconnaître, quoiqu'on ait développé cette thèse avec beaucoup d'autorité[1], qu'il est difficile d'assigner un droit de propriété aussi prolongé aux inventeurs qu'aux auteurs ; qu'en principe, les droits des uns et des autres sont égaux, mais que dans la pratique, l'exercice de ces droits doit être

[1] Jobard, *Monautopole*.

nécessairement restreint dans des limites telles, qu'il ne se trouve pas en opposition avec les exigences de l'utilité générale ; car si le privilége exclusif d'un auteur sur son livre n'empêche nullement un autre auteur de produire un livre analogue, il n'en est pas de même dans l'industrie, où les droits des inventeurs précédents, prolongés outre mesure, interdiraient toute tentative d'amélioration ou de perfectionnement.

Mais, à entendre toutes les récriminations, on croirait vraiment qu'un inventeur arrache à la société tout entière un bien qui appartient à celle-ci ; quand, au contraire, c'est l'inventeur qui offre à la société un bien qu'elle ne possède pas encore, mais dont il lui abandonnera la jouissance, à l'expiration d'un délai convenu, si elle consent à lui en garantir la propriété pendant ce délai. La seule prétention de l'inventeur, et on la trouve exagérée ! est celle-ci :

« Il demande que la loi le protége contre « l'usurpation, contre la fraude, contre le vol.

« et non contre les droits de personne. Il de-
« mande à mettre sa récolte, bonne ou mau-
« vaise, sous la foi publique. Sera-t-il donc
« défendu de toucher aux autres récoltes et
« permis d'enlever la sienne [1] ? »

Le brevet d'invention est inexactement qua-
lifié dans l'opinion publique; ce n'est pas un privilége, mais un titre servant à constater une propriété parfaitement légitime.

Examinons maintenant si cette propriété
temporaire peut avoir sur l'industrie la désas-
treuse influence qu'on lui reproche.

On peut ramener à trois le nombre des objections dont les brevets d'invention sont l'objet, mais elles sont graves et portent sur des
considérations assez importantes pour mériter
une appréciation séparée.

Ces objections, nous l'avons déjà dit, résu-
ment les arguments les plus sérieux que l'on

[1] Boufflers, *Rapport* 1790.

ait pu opposer au régime des brevets d'invention, et nous les reproduisons ci-après telles qu'elles ont été formulées par le *Constitutionnel* du 28 novembre 1860.

PREMIÈRE PARTIE

PREMIÈRE PARTIE

DISCUSSION DES OBJECTIONS.

PREMIÈRE OBJECTION

*Un brevet d'invention ou le droit exclusif de pro-
duire accordé à l'inventeur entrave la production et empêche notre industrie de lutter à armes
égales avec la Suisse et les pays qui ne recon-
naissent pas le privilége de l'invention*[1].

Quelle est la prospérité comparative des pays où les
brevets n'existent pas et des pays dans lesquels ils
sont concédés?

[1] *Constitutionnel* du 28 novembre 1860.

Pays où il **EST ACCORDÉ** DES BREVETS D'INVENTION	Pays où il **N'EST PAS ACCORDÉ** DE BREVETS D'INVENTION
Autriche.	Suisse.
Bavière.	Turquie.
Belgique.	
Brésil.	
Chili.	
Danemark.	
Espagne.	
Etats Romains.	
États-Unis d'Amérique.	
Grande-Bretagne.	
Hanovre.	
Hollande.	
Nouvelle-Grenade.	
Pérou.	
Portugal.	
Prusse.	
Russie.	
Sardaigne.	
Saxe.	
Suède et Norwége.	
Wurtemberg.	
Zollverein.	

En présence d'une majorité aussi imposante, de la presque unanimité, pouvons-nous dire, des peuples civilisés, en faveur du principe des brevets d'invention, nous pourrions soutenir, sans nous reporter aux divers arguments qui ont été developpés lors de la discussion des lois sur les brevets, tant en France qu'en Angleterre et en Belgique, que ce principe a été adopté par les divers législateurs comme un puissant encouragement offert à toutes les industries, autrement on ne pourrait s'expliquer comment il a réuni l'universalité des suffrages; mais, dit-on, l'industrie ferait des progrès plus rapides encore si les priviléges ou brevets n'existaient nulle part.

Aussi nous contenterons-nous de faire remarquer combien est nulle l'assertion alléguée, que, là où les brevets existent, l'industrie est paralysée, puisque la seule inspection du tableau précédent fournit des preuves directement contraires à cette assertion.

Parlerons-nous de l'industrie de la Turquie?... Elle est nulle, ou limitée à la seule fabrication des tapis de Brousse et de Smyrne.

Quelle est l'industrie de la Suisse? Elle fabrique des dentelles, de l'horlogerie, quelques tissus de laine et de coton; or les dentelles en France ne sont pas

encore le produit exclusif d'inventions brevetées.
Invoque-t-on la supériorité des montres et des hor-
loges de Genève, mais c'est encore une industrie parfaitement libre en France ; dans les montagnes du
Doubs et du Jura, les paysans occupent leurs loisirs
d'hiver à fabriquer *sans brevets* des mouvements de
montre et, si par hasard, ce qui n'est pas prouvé, l'industrie française était au-dessous de celle de nos voi-
sins sous ce rapport, il ne faut certes pas en accuser les
brevets d'invention qui sont étrangers à la question.

« Dans quelques cantons de la Suisse, la fabrica-
« tion des tissus a été poursuivie avec persévérance
« et succès depuis plusieurs années: mais il y est
« accordé si peu de ce que l'on appelle *protection*
« au fabricant suisse, qu'on n'y trouve pas de doua-
« nes, et par conséquent pas de relevés d'où l'on
« puisse vérifier l'importation et l'exportation, et
« déterminer ainsi le progrès comparatif de cette
« branche d'industrie: le libre échange, dans l'accep-
« tion la plus étendue du mot, a été essayé dans ces
« cantons [1]. »

Du reste dans l'enquête relative à diverses prohi-

---

[1] Porter, *The Progress of the Nation*, p. 291.

bitions, publiée en France en 1838, on voit que la France a *exporté* à destination de la Suisse pour une valeur de 3,093,008 francs d'étoffes de laine et pour 2,440,357 d'étoffes de coton : et à destination de la Turquie et de la Grèce elle a exporté pour 4,818,906 francs d'étoffes de laine et pour 398,093 francs d'étoffes de coton ; or il est évident que la France lutte avec avantage contre la Suisse et la Turquie puisqu'elle exporte dans ces pays le produit de ses manufactures.

L'exemple suivant démontre d'une façon encore plus frappante que les pays où l'industrie n'est pas protégée sont, à la longue, distancés par ceux où cette protection existe.

« Les Indes, autrefois, étaient renommées pour la « fabrication des mousselines fines et légères, spécia- « lité du pays, et qu'on importait en Europe : au- « jourd'hui l'Angleterre exporte la plus grande « partie des mousselines fines qui sont vendues sur « les marchés des Indes et qui viennent en concur- « rence avec celles du pays où cependant la vie et la « main-d'œuvre sont à vil prix et où les monopoles « sont inconnus[1]. »

[1] Porter, *The Progress of the Nation*, p. 271

Il faut donc reconnaître comme un fait démontré par l'expérience, que les contrées où l'esprit d'invention est le plus efficacement protégé sont celles qui marchent à la tête de l'industrie; mais faut-il attribuer ce résultat incontestable à la protection accordée aux inventeurs? Nous trouvons la réponse à cette question dans le passage suivant extrait du *Newton's Journal of Arts: March.* 1860. vol. XI.

Dans la première partie de l'article, l'auteur démontre que toutes les restrictions apportées à l'exercice du droit des brevetés, telles que l'obligation de mettre à exécution dans un délai fixe la déchéance résultant du non-payement de la taxe, etc., ont pour effet d'empêcher l'introduction des inventions étrangères, ou même de la supprimer tout à fait dans les pays où ces dispositions peu libérales sont en vigueur.

« On trouverait une preuve évidente de ce que
« j'avance, continue l'auteur, dans la comparaison
« de l'état relatif de l'industrie manufacturière en
« Angleterre, en Irlande et en Écosse avant la loi de
« 1852, à une époque où il fallait trois brevets diffé-
« rents pour ces trois royaumes. Comme chacun de
« ces brevets coûtait un prix énorme, les inventeurs,

« car la majeure partie était dans ce cas, n'avaient
« d'autre alternative que de faire breveter leurs in-
« ventions uniquement en Angleterre ; de sorte que
« sur le nombre des inventions brevetées en Angle-
« terre *seulement* et que tout le monde pouvait dès
« lors importer dans les deux autres royaumes, il y
« en avait en moyenne de disponibles chaque année
« pour l'Irlande environ 392 et pour l'Écosse, 294.
« Cependant je ne puis me rappeler *un seul cas* d'une
« industrie qui aurait été, dans ces deux royaumes,
« créée pour faire concurrence au breveté anglais ;
« il est certain même qu'aucun capitaliste n'a songé
« à introduire, à son profit, dans ces pays une seule
« branche importante de l'industrie anglaise, et cela
« par cette simple raison que, faute d'un équivalent
« probable pour compenser les frais d'expérimenta-
« tion, le capitaliste recule devant une démonstra-
« tion de succès qui profiterait autant à ses rivaux
« qu'à lui-même. »

On voit par là que l'industrie, libre en Écosse et en
Irlande, n'a donné aucun résultat, et qu'au contraire,
elle n'a pu prospérer que sous la protection des brevets qui garantissent à l'inventeur le remboursement
des frais souvent énormes qu'exigent les premiers

essais d'une invention: ces dépenses de temps et d'argent, l'industriel ne peut évidemment les faire dans un pays où le privilége ne lui serait pas garanti, et où ses concurrents, plus heureux, bâtiraient leur fortune sur les débris de la sienne.

Personne ne nous contestera que l'industrie a, depuis quinze années, accompli des progrès merveilleux. C'est un fait de notoriété publique. Or, si comme on l'assure, les brevets paralysent l'industrie, il faut nécessairement conclure, *à priori*, que le nombre annuel des brevets délivrés a dû diminuer depuis quinze ans.

Consultons les tableaux officiels:

En 1845 il y avait 2,666 brevets délivrés.
En 1859   —   5,439   —

Peut-être objectera-t-on que ce sont là deux faits indépendants l'un de l'autre, ou plutôt que c'est malgré les brevets que l'industrie a marché dans cette voie de prospérité inouïe.

Mais depuis quand est-il admis qu'un obstacle est favorable au progrès?

Comment croire, en effet, que chaque brevet délivré puisse arrêter la branche d'industrie à laquelle il se rapporte quand on voit la multiplicité des demandes formées chaque année pour un même genre d'exploitation ? En consultant le Catalogue officiel de 1859, on trouvera que les armes à feu ont été l'objet de 85 brevets, les briques de 20, les charrues de 17, les chaudières de 40, les chaussures de 39, les chemins de fer de 93, les compteurs de 24, les machines à coudre de 36, la distillation de 29, etc., etc.

Nous n'ignorons pas qu'on peut nous objecter que nous fournissons, par ces citations, des armes contre nous-même, car précisément on reproche au régime actuel de protéger, au détriment de l'inventeur primitif, le *perfectionneur*, qui pour la modification la plus futile prend un brevet afin de forcer l'inventeur à traiter avec lui.

Dans ces conditions le brevet n'est pris que pour servir de couverture légale à la contrefaçon.

Il faut méconnaître le sens des articles 18 et 19 de la loi de 1844 pour formuler une pareille objection, et c'est ce qui explique pourquoi les critiques ont justement négligé le seul argument sérieux à l'appui de leur assertion, que le droit du breveté est un privilége qui arrête l'industrie.

Art. 18. « *Nul autre que le breveté* ou ses ayants

« droit, agissant comme il est dit ci-dessus, *ne pourra,*
« *pendant une année, prendre valablement un brevet*
« *pour un changement, perfectionnement ou addition*
« à l'invention qui fait l'objet du brevet primitif.

« Néanmoins toute personne qui voudra prendre
« un brevet pour changement, addition ou perfec-
« tionnement à une découverte déjà brevetée, pourra,
« dans le cours de ladite année, former une de-
« mande qui sera transmise et restera déposée sous
« cachet au ministère de l'agriculture et du commer-
« ce. L'année expirée, le cachet sera brisé et le brevet
« délivré.

« Toutefois le *breveté principal aura la préférence*
« pour les changements, perfectionnements et addi-
« tions pour lesquels il aurait lui-même, pendant
« l'année, demandé un certificat d'addition ou un
« brevet. »

« Le résultat de cet article, a dit M° Marie, lors
« de la discussion de la loi, serait non-seulement
« d'accorder au breveté le monopole de la chose
« inventée, mais en outre de lui donner un
« monopole pour les progrès à faire pendant une an-
« née. »

En présence d'un pareil privilége est-il permis

d'affirmer que l'inventeur est spolié par le perfectionneur, *ce pirate* de l'industrie?

Si le breveté ne profite pas du privilége de l'année
pour réparer un oubli, rectifier une erreur, réaliser
une amélioration, tant pis pour lui, il en avait tous les
moyens.

Or, on peut affirmer que si l'application de cet
article a été faite par les perfectionneurs, les exemples
en sont tellement rares qu'il n'y a pas, dans les catalo-
gues, de mention spéciale à ce sujet; et nous avons
peine à croire qu'il y ait eu *dix* brevets pris dans ces
conditions.

Qu'en conclurons-nous? Que les perfectionneurs
ne sont pas à craindre pour les brevetés, puisqu'ils
ne paraissent pas, depuis seize ans, avoir usé du
moyen que la loi leur offrait. Ils ont peut-être pris des
brevets sans spécifier que l'objet de leur demande
était un perfectionnement à une invention préexis-
tante, mais alors ces brevets sont nuls, et l'inventeur
primitif tient de la loi le droit de s'approprier le
perfectionnement.

Il s'est présenté même un cas où l'application de
cet article a conduit à ce résultat:

Un breveté, exerçant une poursuite en contrefaçon

dans l'année de son privilége, s'aperçut que le contrefacteur, tout en ayant copié sa machine, y avait ajouté un perfectionnement important ; immédiatement, pendant le cours même du procès, le breveté prend un certificat d'addition ; et après avoir obtenu contre son adversaire une condamnation à raison de la contrefaçon de la machine primitive, il s'appropria en outre le perfectionnement en vertu de l'art. 18 et par suite du privilége de l'année.

C'est du reste une exception, et il est rare que le breveté triomphe d'une façon aussi éclatante de son contrefacteur.

Pour prouver que les brevets sont une entrave à l'industrie, on a cité Daguerre et son admirable invention ; mais c'est justement l'exemple que nous aurions choisi à l'appui de notre thèse.

On a affirmé que si le gouvernement n'avait pas, par une libéralité bien entendue, fait l'acquisition de son procédé, nous n'aurions pas aujourd'hui la photographie ! Et pourquoi ? En supposant même que le privilége fût resté la propriété de son auteur durant quinze ans, celui-ci n'aurait-il rien découvert pendant ce temps, un autre inventeur n'aurait-il pas pu réaliser un perfectionnement et s'entendre avec Daguerre pour l'exploiter comme celui-ci s'était entendu avec Niepce ?

Mais il n'est pas vrai, historiquement, d'affirmer que sans la vulgarisation des procédés de Daguerre nous n'aurions pas la photographie sur papier, car celle-ci existait *avant* même la découverte de Daguerre qui date de 1839.

« Dès 1834, M. Talbot, en Angleterre, était parvenu
« à fixer les images de la chambre noire sur papier,
« mais il ne publia son procédé qu'après l'apparition
« du Daguerréotype ; incomplète ou mal appliquée,
« cette découverte tomba dans l'oubli jusqu'en 1847
« où M. Blancard-Evrard, fabricant de drap à Lille,
« publia sur le procédé Talbot perfectionné une bro-
« chure accompagnée d'épreuves sur le papier très-
« remarquables, qui mirent enfin la photographie à
« la mode, depuis, les *principaux perfectionnements*
« qu'elle a reçus *sont surtout dus* à M. Niepce de
« Saint-Victor, neveu de M. Nicéphore Niepce[1]. »

Or, en Angleterre, le brevet Daguerre, acheté 40,000 francs par un industriel, était encore en exis-

---

[1] Carnot, *Cours de physique expérimentale*, p. 399. (Voir Louis Figuier, *Grandes Inventions. Photographie.*)

tence en 1847 : c'est cependant en Angleterre que la photographie a pris naissance. Et en France, à quelle époque a-t-elle commencé à se produire? En 1847, douze ans *après* la découverte de Daguerre? Il y a plus, les perfectionnements actuels de la photographie n'émanent pas du public, comme on a voulu le faire supposer, mais bien de M. Niepce, continuateur de M. Nicéphore Niepce, son oncle.

Sait-on pour quelle somme Daguerre a vulgarisé ses procédés?

« Moyennant une rente viagère dont il porta lui-
« même le chiffre à 4,000 francs et autant pour le
« fils de Niepce, mais la part du premier fut portée
« à 6,000 francs, parce qu'il faisait connaître en
« même temps ses procédés de peinture pour le dio-
« rama : c'était bien peu pour une découverte qui
« illustrait la France, et qui depuis lors a fait gagner
« des millions aux fabricants de Paris[1]. »

La machine à coudre est un exemple frappant de l'étendue illimitée du champ accordé aux perfectionnements honnêtes, même sous l'empire des brevets d'invention.

[1] Carnot, *Cours de physique*, p. 397.

Il y a quatorze années à peine, un inventeur obscur importait la machine à coudre d'Amérique en Anglegleterre. Dénué de ressources, il offrait de vendre son invention à un capitaliste anglais qui, profitant du bénéfice de la loi, pouvait prendre le brevet en son propre nom ; la somme à réaliser par cette vente devait être employée par l'inventeur à poursuivre en Amérique l'exploitation de sa machine[1]. S'il était vrai que le brevet accordé pour cette invention eût arrêté toute l'industrie à ce début, nous n'aurions aujourd'hui encore que cette seule machine à coudre, avec les modifications que l'auteur seul aurait pu y apporter. Cependant ce premier essai donne l'éveil, toutes les imaginations sont en travail pour vaincre les inconvénients que présente encore la machine, chacun les résout à sa manière et prend un brevet pour des perfectionnements plus ou moins importants.

Ajoutons, pour la parfaite intelligence des droits de chacun, que plusieurs de ces machines rapportent à différents inventeurs un droit de licence spécial, à l'un pour l'aiguille, à l'autre pour l'appareil qui tient

---

[1] *Newton's Journal of Arts*, décembre 1860.

l'étoffe, à un troisième pour le moyen de tendre les fils, etc.

Ainsi tombe, croyons-nous, cette première objection devant les arguments que nous venons de produire.

DEUXIÈME OBJECTION

*Le résultat inévitable des brevets étant d'élever le
prix de la marchandise, ils font obstacle à ce
qu'une jouissance plus étendue satisfasse aux
besoins d'un plus grand nombre de consommateurs et à ce qu'une commande plus active procure du travail à un plus grand nombre d'industriels de toutes les classes et surtout de la classe
des ouvriers*[1].

On pourrait être surpris de voir une pareille critique formulée par une société savante, la société
des sciences, de l'agriculture et des arts de Lille, si

[1] *Constitutionnel* **28** novembre 1860.

l'on ne savait que cette critique remonte à 1828 ;
c'était une prédiction, et, comme tant d'autres, elle
ne s'est pas réalisée.

Suivant la critique, le résultat inévitable des brevets est d'*élever le prix* de la marchandise.

Il est facile de prouver que cette assertion repose
sur un fait qui ne peut *jamais* se présenter.

En effet, il faut admettre qu'entre deux produits,
entre deux machines, deux marchandises, dont l'une
est brevetée et l'autre ne l'est pas, il y a *identité* parfaite, sous le rapport de la matière, de la qualité, du
travail, et enfin de la commodité ; si cette identité
n'existe pas, si les machines ou produits brevetés sont
meilleurs ou plus commodes, ou plus durables que
ceux qui ne le sont pas, il y a une raison suffisante
pour que le produit breveté se vende plus cher, et ce
n'est pas le cas prévu par l'objection ; il s'agit donc
de la concurrence entre deux produits identiques
l'un breveté, l'autre non breveté : or, si le produit
breveté est plus cher que l'autre, il ne fera certainement aucun tort à l'industrie, car il ne se vendra
pas.

Mais, supposons un produit entièrement nouveau ;
sa singularité pourra le faire rechercher, et l'inven-

teur le vendra à un prix très-élevé, libre qu'il est de
tout frein imposé par la concurrence.

Cet argument peut avoir quelque valeur en théo-
rie; mais remarquons que, dans la pratique, il y a une
corrélation intime et nécessaire entre la valeur réelle
ou intrinsèque d'un produit même nouveau, et le
prix auquel il est mis en vente ; si cette corrélation
n'est pas exacte, si le produit est coté plus cher qu'il
ne vaut, il n'aura aucun succès. On pourrait dire en
outre, si l'on ne craignait de formuler une de ces vé-
rités dont la banalité est passée en proverbe, que si le
produit n'avait pas été *inventé* le public n'en aurait
pas eu la jouissance, or si le produit est utile, la société a fait un gain, n'est-il pas juste qu'elle le paye ?
C'est du reste un cas peu commun, car très-souvent
à côté d'un produit nouveau l'on en voit surgir un
autre, distinct, dissemblable, mais destiné parfois à
détrôner le premier ou à venir en partage avec lui ;
au contraire l'intérêt de l'inventeur est la plus sûre
garantie pour le public qu'il ne surfera pas sa marchandise : par sa position spéciale, l'industriel breveté,
en le supposant même exempt de l'amour-propre
ordinaire des inventeurs, se trouve au-dessus de la
concurrence malhonnête qui dénature les produits et

trompe l'acheteur, concurrence dont le commerce libre donne trop souvent de fâcheux exemples ; il comprend que le sort de son invention dépend de l'accueil qui lui sera fait par le public : il sait aussi que s'il fabrique un mauvais produit, ou qu'il vende trop cher un bon produit, le placement en sera difficile.

L'inventeur est donc doublement intéressé à la bonne construction de sa machine, à la loyale fabrication de sa marchandise.

Les brevets font obstacle, ajoute-t-on, *à ce qu'une jouissance plus étendue satisfasse aux besoins d'un plus grand nombre de consommateurs, et à ce qu'une commande plus active procure du travail à un plus grand nombre d'industriels de toutes les classes et surtout de la classe des ouvriers.*

A une pareille assertion, il faut opposer des faits ; c'est la meilleure, la seule réfutation possible.

« Un ouvrier pouvait produire 16 livres poids an-
« glais de filé n° 200 avec une Mull-Jenny ou banc à
« filer de 300 à 324 broches ; on le payait à raison
« de 3 shillings 6 deniers par livre, ce qui donne
« 54 sh., dont il faut déduire 13 sh. pour le salaire

« de ses aides; son bénéfice net est de 41 sh. par se-
« maine.

« La puissance de la Mull-Jenny est doublée par un
« perfectionnement important : elle comporte 648 bro-
« ches; l'ouvrier n'est plus payé qu'à raison de
« 2 sh. 5 d. la livre au lieu de 3 sh. 6 d. ; mais il pro-
« duit 32 livres de filé de la finesse de 200 écheveaux
« à la livre, en 69 heures de travail ; son bénéfice
« brut est immédiatement élevé à 77 sh. 4 d. En
« portant le salaire de cinq aides à 5 sh. chacun, soit
« 25 sh. en ajoutant même 2 sh. de plus, on a 27 sh.
« à déduire de son bénéfice brut : il reste donc, de
« bénéfice net, 50 sh. 4 d. pour le profit d'un travail
« de 69 heures, au lieu de 41 sh., AUGMENTATION *de*
« *plus de 20 p. 100 pour l'ouvrier, tandis que le prix*
« *du filé est* RÉDUIT *de 13 d. par livre* [1]. »

Les brevets délivrés pour quatorze ans à M. Howe,
l'inventeur des machines à coudre, expiraient cette
année en Amérique. Pour jouir du bénéfice que la
législation de ce pays accorde sous certaines conditions à l'industriel qui n'a pas retiré un profit suffi-

[1] Porter, p. 234, *The Progress of the Nation.*

sànt de sa découverte, l'inventeur a demandé une prolongation de sa patente [1].

L'enquête, exigée par la loi à cet effet, a pour but de déterminer quelle est la valeur de l'invention par suite de l'exploitation qui en a été faite pendant les quatorze années du privilége, et qui a porté à 100,000 le nombre des machines de tout système (mais dérivant de l'invention primitive) actuellement à l'œuvre à New-York [2].

« Un fabricant de bottines et souliers dit que le
« prix des articles plus communs destinés aux classes
« ouvrières a *baissé* de plus de *moitié*, quoique le prix
« des matières premières soit resté toujours le même,
« et les ouvrières employées dans cet état gagnent
« de *deux* à *trois fois plus* qu'auparavant.

« Un témoin, au courant de la confection des man-
« teaux et vêtements pour dames dans la ville de
« New-York, estime que l'importance de cette indus-
« trie peut s'élever, dans la seule ville de New-York,
« à la somme de trois millions de dollars par an (plus

[1] *Newton's Journal of Arts*, décembre 1860.
[2] *Testimony on behalf of Elias Howe*. New-York. 1860; page 85.

« de quinze millions de francs). Les machines font un
« tiers environ de tout l'ouvrage confectionné, et
« chaque machine exécute le travail de *six ouvrières*.

« Le même témoin ajoute que, comme conséquence
« de la baisse de prix dans les vêtements, les *demandes*
« ont *augmenté*, et avec elles a *augmenté la fabrica-*
« *tion*. Il dit en outre qu'un *plus grand nombre* de
« machines nécessite l'emploi d'un *plus grand nombre*
« *d'ouvrières cousant à la main* pour préparer l'ou-
« vrage que les machines ne peuvent faire.

« Et il en est ainsi d'une foule de branches d'in-
« dustrie auxquelles les machines à coudre peuvent
« être appliquées. Le résultat de l'enquête ayant été
« de montrer jusqu'à quel point cette invention avait
« *remplacé* le travail manuel, et dans quels cas elle
« avait créé de nouvelles branches d'industrie.

« Stephen H. Tygn, ministre évangélique, dépose [1] :

« Ayant, par suite de mon ministère, des relations
« avec les classes les plus indigentes, j'ai pu me con-
« vaincre de la misérable existence des femmes
« employées à la couture.

[1] *Testimony on behalf of Elias Howe*. New-York, 1860;
page 127.

« La connaissance des difficultés qu'elles éprou-
« vaient, pour gagner leur vie à l'aiguille, me donna
« l'idée de leur fournir des machines à coudre ; aussi,
« j'ai pris l'habitude d'en acheter pour les donner ou
« les prêter ou les vendre à longues échéances, sui-
« vant les cas, et j'ai obtenu un grand succès en
« aidant ainsi ces femmes à gagner leur vie.

« Une couturière à façon dépose qu'elle ne pouvait
« suffire à ses besoins et à ceux de ses enfants en cou-
« sant à la main ; elle se levait à cinq heures du
« matin et travaillait jusqu'à deux ou trois heures
« de la nuit pour gagner deux dollars (10 fr. 80 c.)
« par semaine ; avec la machine, elle travaille de
« huit heures du matin à six heures du soir, et gagne
« cinq dollars (27 fr.), et même plus par semaine. »

D'après les faits relatés dans cette enquête, l'invention de la machine à coudre a eu pour résultat d'*augmenter* le nombre des consommateurs, d'*augmenter*
le nombre des machines pour satisfaire aux besoins
croissants de ceux-ci, d'occuper *un plus grand nombre
d'industriels, surtout de la classe des ouvriers; et d'é-
lever leur salaire.*

Est-il nécessaire de faire remarquer que ce qui
vient d'être dit pour les machines à coudre s'applique

avec une égale vérité à toutes les branches de l'industrie humaine ?

« Le prix du coton filé, cent écheveaux à la livre
« anglaise, était :

« En 1786, de 38 shillings.

« En 1832, de 2 sh. 11 d.

« Ce résultat, dit M. Porter, place dans un jour
« éclatant la réduction produite par les machines
« dans le coût des filés [1].

« Il est démontré que malgré la réduction qui, dans
« le prix des salaires, a nécessairement accompagné
« l'introduction de machines perfectionnées, le gain
« net en argent de l'ouvrier des filatures est plus
« grand en 1834 qu'il ne l'était au commencement
« du siècle, et qu'en outre la facilité qu'il a de se
« procurer les objets de première nécessité le place
« dans une position beaucoup plus avantageuse qu'au-
« trefois [2].

« Le résultat suivant des avantages obtenus par
« l'emploi du métier à tisser, marchant à vapeur, est

---

[1] Porter, *The Progress of the Nation*, page 212.
[2] *Id.*, page 230.

« donné par M. Baines, sur l'autorité d'un fabricant
« et peut être considéré comme exact.

« Un très-bon tisserand de vingt-cinq à trente ans
« peut fabriquer à la main, par semaine, deux pièces
« de toile ayant chacune 24 yards de longueur, et
« contenant 100 coups de navette par pouce linéaire.

« En 1823, un ouvrier âgé de quinze ans, sur-
« veillant deux métiers marchant à la vapeur pou-
« vait fabriquer sept pièces par semaine.

« En 1826, un ouvrier âgé de quinze ans, surveil-
« lant deux métiers marchant à vapeur, pouvait tisser
« douze pièces, quelquefois même quinze pièces.

« En 1833, un ouvrier de quinze à vingt ans, aidé
« d'une ouvrière de douze ans, surveillant quatre mé-
« tiers marchant à la vapeur, pouvait fabriquer dix-
« huit pièces de toile par semaine; quelquefois même
« vingt pièces[1]. »

Comme on peut le voir, cette seconde objection
n'a pas plus de valeur que la première.

[1] Porter, *The Progress of the Nation*, page 214.

TROISIÈME OBJECTION

Un brevet d'invention ou le droit au monopole n'est bien souvent qu'une déception pour l'inventeur, impuissant surtout à se défendre contre la contrefaçon[1].

Il est impossible de ne pas reconnaître la justesse de cette observation, mais à quelle cause faut-il attribuer ce résultat? On l'a dit, à la lutte perpétuelle que

[1] *Constitutionnel* 28 novembre 1860.

les brevetés sont obligés de soutenir contre les contrefacteurs : mais est-ce la seule? On prétend que fort peu d'inventeurs ont *fait fortune*, cela est encore vrai dans beaucoup de cas, mais pas aussi uniformément qu'on veut le supposer.

En général, les inventeurs comprennent peu à quelles conditions ils obtiennent un brevet d'invention.

« Un brevet est un contrat entre l'inventeur et la
« société ; le premier demande à jouir d'une chose
« qui est à lui..... Et la société garantit la jouissance
« exclusive à l'inventeur.... à condition qu'on lui
« donnera une connaissance entière de l'objet qu'elle
« doit défendre[1].

« La description a un double objet ; elle est desti
« née à spécifier avec précision et exactitude l'inven
« tion brevetée, et à déterminer par là *l'étendue* et la
« *limite* du privilége : elle a aussi pour but d'assurer
« à la société la pleine possession de la découverte à
« l'expiration du brevet[2].

---

[1] Le chevalier Blanc de Saint-Bonnet, *Code des brevets d'invention.*

[2] Renouard, *Traité des brevets d'invention,* 1844.

« L'inventeur ne doit celer aucun de ses moyens
« d'exécution, il ne doit pas se servir dans ses fabri-
« cations de moyens secrets qui n'auraient pas été
« détaillés[1]. »

Or, que fait l'inventeur?

« Lorsqu'il vient demander à l'État de lui accorder
« un privilége pendant quinze ans, c'est en lui pro-
« mettant de mettre le public à même de profiter de
« son invention à l'expiration de cette période de mo-
« nopole; et c'est pour cela que lui est imposée l'obli-
« gation de décrire exactement, dans sa demande de
« brevet, le procédé qu'il prétend faire breveter; or,
« toute part faite à d'honorables exceptions, per-
« sonne n'ignore combien l'exécution de cette clause
« laisse à désirer dans la pratique : c'est à qui voudra
« se ménager un petit secret du métier qui, par le
« fait, prolongera implicitement son monopole[2]. »

Cependant de cette insuffisance ou de cette ambi-
guïté de la description résulte en partie la multiplicité des procès: si les inventions étaient clairement
définies et limitées, s'il n'y avait pas cette constante

---

[1] Et. Blanc, 1838. *Traité de la contrefaçon,* page 36.
[2] *Presse* du 13 décembre 1860.

arrière-pensée, chez tous les inventeurs, de rédiger leur description en termes assez vagues pour qu'elle pût couvrir plus de terrain, la justice serait plus facile à rendre et la contrefaçon à punir ; [mais alors que les titres de l'inventeur sont insuffisants, et par sa faute, que peut la loi pour le protéger? De même quand un demandeur revendique un terrain qu'il prétend être sa propriété et n'apporte que des titres insuffisants pour en établir l'étendue et la contenance, il doit nécessairement succomber dans son action.

Il ne faut pas rendre un système responsable des abus dont il peut être l'occasion, ni attribuer aux brevets d'invention, ou à la loi qui les garantit, les mécomptes de beaucoup d'inventeurs, pas plus qu'il ne serait juste de reprocher à nos lois commerciales la multiplicité des faillites.

Mais laissant ce côté de la question sur lequel nous aurons à revenir, voyons s'il n'y a pas une grande exagération dans le récit des infortunes presque proverbiales des inventeurs.

Ne nous occupons que des hommes sérieux dont le génie positif s'est exclusivement attaché à résoudre des questions relatives à la branche d'industrie qu'ils exercent ; ceux-là, et c'est la grande majorité, réalisent souvent des profits honnêtes qui ne font pas grand bruit, qui dès lors passent inaperçus; c'est la *médiocrité dorée* dont on ne tient pas assez compte.

La fabrication des boutons en porcelaine, par exemple, donne des bénéfices énormes.

Faut-il citer le casse-sucre de M. Nolet, dont le succès a déterminé la création d'une branche d'industrie nouvelle, ayant pour objet unique de casser le sucre?

Pour ne parler que des inventions qui sont sous nos yeux et dont la réussite est connue, nous aurons les revolvers Colt, les procédés de Ruolz et Elkington dont les brevets ont été contestés tant de fois, le blanc de zinc, le caoutchouc vulcanisé et ses applications, les chaussures à vis, les légumes secs, les allumettes au phosphore amorphe, les scies continues, les briques creuses, les télégraphes électriques, etc., etc.

Mais si nous venons aux inventeurs d'un ordre plus élevé, dont les découvertes étonnantes ont produit une révolution dans les idées reçues, dans les habitudes acquises, ceux-là ont nécessairement rencontré une opposition systématique de la part de la routine, cette force d'inertie de l'industrie, et la plupart de ces hommes dont le génie sublime a réalisé pour nous les merveilles les plus admirées, sont morts pauvres, obscurs et découragés.

Faut-il s'en prendre de ce triste résultat uniquement à l'inefficacité des lois protectrices?

N'est-ce pas aussi à l'insouciance et au mépris avec lesquels le public accueille les idées nouvelles? surtout lorsqu'elles peuvent froisser les intérêts de quelques industriels!

Ne sait-on pas que le bateau à vapeur de Papin fut brisé par les bateliers du Weser qui pensaient que cette machine devait les faire chômer?

« En 1799, Louis Robert imagina une série d'appa-
« reils mécaniques permettant de produire des
« feuilles de papier d'une longueur indéfinie sur une
« largeur déterminée. L'inventeur obtint pour toute
« récompense du gouvernement français une somme
« de huit mille francs.

« Le système de Louis Robert *avait besoin*, pour
« rendre de grands services, d'être *perfectionné*. C'est
« en Angleterre, en 1803, que la pensée féconde de
« Robert reçut définitivement son application prati-
« que[1]. »

[1] Figuier, *Grandes Inventions*, page 74.

Brunel, ingénieur français, n'a pu trouver dans son pays le patronage nécessaire à la réalisation de ses hautes conceptions; mais accueilli et encouragé en Angleterre, il a pu faire exécuter le fameux tunnel sous la Tamise, et d'autres travaux importants.

Le gaz d'éclairage, découvert en France, n'est devenu tout d'abord une industrie qu'en Angleterre.

Reconnaissons donc que la cause de l'insuccès des inventeurs est complexe, mais que c'est en général à l'inefficacité de la loi sur les brevets et au peu de respect qu'elle inspire pour la propriété industrielle qu'il faut attribuer la plupart, mais non la totalité, des obstacles que rencontrent les inventeurs.

Nous dirons dans la troisième partie par quels moyens il serait possible, suivant nous, de remédier à cet état de choses; mais nous pouvons, dès à présent, insister sur ce point : quand la propriété industrielle sera sauvegardée, comme le sont toutes les autres, quand les inventeurs auront compris qu'une description loyale et complète est le plus sûr des titres, quand les contrefacteurs auront appris par quelques rudes épreuves, qu'il ne faut pas prendre à son prochain *même* une invention, on verra les obstacles s'aplanir et les procès diminuer dans une grande proportion ; mais il ne faut pas se flatter de l'idée chimérique de les voir disparaître entièrement.

C'est cependant dans cette louable intention qu'a été proposé le système que nous allons étudier dans la seconde partie, et qui, bien loin de remédier aux maux actuels, en créerait de bien plus grands encore.

Nous avons cru devoir entrer dans tous les détails de cette innovation, bien qu'à la simple lecture il soit facile d'en comprendre toute l'impraticabilité.

DEUXIÈME PARTIE

DEUXIÈME PARTIE

DISCUSSION DU SYSTÈME AYANT POUR OBJET LA SUPPRESSION DES BREVETS D'INVENTION[1].

On a pris pour point de départ du système proposé cette supposition parfaitement inexacte, qu'en mettant tout le monde à même d'exploiter une invention, « les efforts de tous les industriels seront mis en « jeu, les progrès se multiplieront par la liberté des « recherches.... » et l'industrie sera plus efficacement protégée.

C'est là une erreur, et des plus graves.

« Un homme ne sèmera pas son champ s'il est con-

[1] *Constitutionnel* du 29 décembre 1860.

« vaincu d'avance qu'un autre viendra faire la mois-
« son : il ne plantera point une vigne, si un autre doit
« en cueillir le fruit; il ne fera pas bâtir une maison
« s'il sait qu'elle lui sera ravie du moment qu'elle
« sera terminée....

« Ce qui appartient à tout le monde n'appartient à
« personne; personne dans ce cas n'est intéressé à
« prendre sollicitude de la propriété commune. J'en-
« tretiendrai et je réparerai avec soin la maison qui
« est à moi, mais je ne me donnerai pas cette peine si
« le premier venu est en droit de l'endommager. Il
« en est de même d'une industrie, propriété com-
« mune de tous les travailleurs qui l'exercent [1]. »

Ce système, cependant, inventé pour remédier à
tous les inconvénients, réformer tous les abus, prévenir tous les procès, et créer en un mot l'âge d'or
de l'industrie, consiste à faire tomber dans le domaine
public toutes les inventions dès qu'elles seront dé-
crites..... Alors, dira-t-on, pourquoi les décrire?
Mais pour avoir le droit plus tard de demander une
récompense honnête, une indemnité voulons-nous

[1] Jobard, *Monautopole*, pages 178, 185.

dire, pour celles des inventions qui auraient été généralement exploitées. C'est par la séduisante perspective
de cette indemnité que les inventeurs seront amenés
à vulgariser leurs procédés.

Comme complément de ce système, il y aurait deux
sortes de brevets : brevet d'*inventeur*, et brevet de
réalisateur.

On se demande ce que signifie une pareille distinction.

Une *invention non réalisée* est simplement une
conception théorique sans application industrielle ; or
toutes les législations sont d'accord sur ce point :
·il faut, pour qu'il y ait invention ou découverte,
que la pensée qui l'a conçue se manifeste au dehors
par une réalisation quelconque, bonne ou mauvaise,
sans quoi il n'y aurait ni invention ni découverte.

Si donc c'est à l'*idée* seule, abstraite, qu'on veut
accorder un brevet, l'innovation est grande en effet;
mais nous n'en dirons rien, elle ne mérite pas la discussion.

Telle ne pouvant être la pensée de l'auteur du système, il faut reconnaître alors que ces mots *invention*
ou *découverte non réalisée* ne présentent à l'esprit
qu'un non-sens.

Or, appliquant aux expressions la règle adoptée pour l'interprétation des conventions, nous dirons qu'il faut entendre ces mots dans le sens où ils auraient une signification, et dire : l'inventeur dote le monde matériel d'une œuvre utile qui n'existait pas antérieurement, que cette œuvre soit une machine, un procédé, un produit ou une découverte, dont les effets ont été combinés pour réaliser un résultat industriel.

Cette œuvre, rarement parfaite à sa naissance, peut être rendue plus pratique, elle peut être modifiée, améliorée, *perfectionnée*, disons le mot, par un autre que l'inventeur primitif : cet autre ne sera pas un *perfectionneur*, gardons-nous de le croire, ce sera un *réalisateur*. Quels prodiges de subtilité, dépensés, selon nous, en pure perte pour faire d'un seul et même personnage deux individualités distinctes !

De sorte que l'auteur du système proposé considère les brevets de *perfectionnement* comme attentatoires aux intérêts des inventeurs, et dès lors il les supprime : mais il se hâte de les reproduire sous une autre forme et sous un autre nom, et de créer le brevet de *réalisateur*.

Il faut convenir que cette distinction est au moins inutile.

Salomon de Caus découvre la force expansive de la vapeur : Est-il *inventeur* dans le sens que les jurisconsultés attachent à ce mot ? **Non** évidemment, car sa découverte, sans application pratique, n'avait donné aucun résultat industriel appréciable pour la société.

Denis Papin construit une machine utilisant la tension élastique de la vapeur ; voilà certés un inventeur et même un réalisateur.

Mais James Watt apporte à cette machine une modification bien légère, presque futile en apparence : elle consiste simplement à condenser hors du cylindre la vapeur qui avait agi sur le piston ; quelle qualité lui donnerons-nous, celle d'inventeur ou de réalisateur ? Arrière ! c'est un perfectionneur, c'est un de ces pirates de l'industrie « qui, à l'aide de la « moindre cheville, de la moindre clavette introduite « ici ou là, se munissent d'un brevet de perfection- « nement, et ruinent l'inventeur [1]. »

Celui qui le premier découvrit qu'un des pôles de l'aimant est constamment attiré vers le nord, quand

[1] *Presse* du 13 septembre 1860.

il est libre d'obéir à cette attraction, assujettit l'aiguille aimantée sur un léger radeau, et la fit flotter dans un bassin plein d'eau. La boussole était inventée, *réalisée*, quant à son principe et à son action.

Un autre survint, qui remplaça tout cet attirail par une simple *cheville* d'acier, sur laquelle il posa l'aiguille aimantée...

Encore un *perfectionneur !*

Ainsi James Watt, Fulton, le célèbre Jacquard (qui a *perfectionné* la machine de Vaucanson) et tant d'autres, rentrent forcément dans la caste abhorrée des perfectionneurs, et la crédule admiration de leurs contemporains et de leurs descendants leur a élevé des statues !

Mais l'heure de la justice a sonné, qu'on les fasse incontinent descendre de ce piédestal usurpé.

Nil sub sole novum disaient déjà les anciens, et ne peut-on pas répéter cet axiome avec bien plus de vérité aujourd'hui ?

Il y a bien peu d'inventions dont, à l'aide de quelque vieille publication déterrée par hasard, on ne puisse contester la nouveauté absolue. Il suffirait pour cela de s'adresser aux Chinois, puisqu'il paraît qu'ils ont tout découvert avant nous, la poudre, l'imprimerie, la

boussole, le drainage, les ponts suspendus, la porcelaine, les puits dits artésiens, etc.

On peut dire que proscrire les perfectionnements,
c'est proscrire du même coup les inventions, car où
sera la limite entre une invention et un perfectionnement?

Nous avons dit que le système qui consiste a indemniser l'inventeur pour vulgariser sa découverte,
n'est pas nouveau ; en effet il a été l'objet d'une étude
approfondie dès l'année 1825. M. Renouard, dans son
Traité des brevets d'invention (édition de 1825, p. 41
et suivantes), en signale les inconvénients et les difficultés avec une autorité et une puissance de raison-
nement que le temps n'a point affaiblies.

Nous ne pouvons résister à la tentation de citer *in
extenso* l'opinion d'un des jurisconsultes les plus
éminents en pareille matière, qui a plaidé, avec un
succès incontestable, et comme par anticipation, la
cause que, trente-cinq ans plus tard, nous venons
défendre.

« Il ne serait équitable ni de refuser à l'in-
« venteur le prix de la copropriété dont il enri-
« chit le public, ni de refuser au public cette co-
« propriété, à la charge par lui d'en payer le prix :

« aucun de ces copropriétaires ne doit être sacrifié à
« l'autre.

« L'inventeur peut dire à la société : J'ai le secret
« d'une invention utile à tous, c'est le fruit de mes
« études, de mes observations : ce secret est ma pro-
« priété, il est renfermé en moi; je consens à vous
« le livrer.... Comment payerez-vous l'acquisition de
« mon secret?

« Une récompense nationale comme moyen de
« payement offre des inconvénients insurmontables...

.. . . - . . . .

« *Voudra-t-on* ne récompenser les inventeurs que
« lorsque l'on connaîtra les résultats de leurs inven-
« tions?

. . . .

« A quels délais s'asservira-t-on? se donnera-t-on
« le temps de distinguer avec certitude la vogue
« éphémère et les succès lents mais durables que
« le temps consolide, et que la science affermit?
« Il ne sera pas toujours juste ni facile de prolonger
« les expériences avant de payer l'inventeur, il est
« des besoins qui ne s'ajournent pas; celui qui attend
« son pain ne peut pas attendre son payement; le
« vieillard ou le malade dont les jours doivent

« être courts ont droit à recevoir comptant leur sa-
« laire.

« Si le moment à choisir pour récompenser l'in-
« venteur est plein de difficultés, la proportion à
« suivre dans l'évaluation des récompenses n'en
« présente ni de moins nombreuses ni de moins
« graves.

« Existera-t-il pour tous les inventeurs des tarifs
« de récompenses uniformes? Cette égalité apparente
« entre des objets dissemblables ne serait en réalité
« qu'une inégalité choquante.....

« L'invention qui procure l'aisance au pauvre et
« celle qui permet au riche quelques superfluités de
« plus devront-elles être placées de niveau ? Il serait
« déraisonnable de le soutenir.

« Est-on blessé de cette absence de justice distri-
« butive et des résultats aveugles de l'arbitraire de la
« loi? Il faudra alors se jeter dans l'arbitraire de
« l'homme, ce qui ne vaudra pas mieux : il faudra
« juger entre les inventeurs, classer et balancer leurs
« titres ; qui se chargera de poser les règles, de satis-
« faire les amours-propres, de déjouer les intrigues ?
« Qui osera seulement entreprendre de connaître
« les faits ?.....

« Si, pour échapper à toutes les iniquités des choix,
« aux injustices que l'on commettrait inévitable-
« ment, même en voulant toujours être juste, on en-
« treprenait de récompenser tous les inventeurs et
« de n'en écarter aucun, on ouvrirait un gouffre que
« le trésor public et *toute la fortune des contribuables*
« *ne combleraient pas.*

« Ainsi que l'on veuille récompenser tous les in-
« venteurs ou en choisir quelques-uns, que l'on s'ap-
« puie sur une base uniforme ou que l'on établisse
« une échelle proportionnelle...., dans tous ces cas
« on ne rencontre que des obstacles, et il n'y a pas
« de *garantie ni pour l'inventeur ni pour la so-*
« *ciété.* »

Que pouvons-nous ajouter à des arguments aussi
péremptoires ?

Mais supposons un instant que toutes ces difficultés
aient été résolues, quelle sera la position faite à l'inventeur sous l'empire d'un pareil système ?

Pour développer notre supposition, il est urgent
que nous fassions quelques concessions.

Il faudra admettre les six propositions suivantes :

1º L'inventeur aura *foi* en l'indemnité promise, et

consentira à se dépouiller loyalement, complétement de sa découverte, sans arrière-pensée, sans secret du métier, ce qui sera peut-être plus difficile encore à obtenir sous le nouveau système que sous la loi actuelle.

2° Il aura réussi à assigner une date précise à l'exploitation (qui ne résulte pas d'un fait certain et isolé, mais d'une réunion de faits simultanés) dont la preuve doit être administrée pour justifier que le délai de trois ans s'est écoulé depuis cette date ;

3° L'invention sera de nature telle que, perfectionnée comme elle a dû l'être par tous, elle n'ait pas subi de modifications assez essentielles pour en dénaturer le principe ;

4° Les bases de l'indemnité auront été établies d'une façon assez libérale, assez équitable pour que les grandes et les petites inventions obtiennent une rémunération appropriée ;

5° Les ressources de la caisse industrielle devront être assez considérables pour assurer le payement de toutes les indemnités accordées ;

6° Enfin l'inventeur aura le temps et les moyens nécessaires pour encourir tous les délais et faire toutes les dépenses qu'occasionnera sa demande.

4

Ces concessions faites, voyons comment on procédera.

Il ne serait pas inutile, pour nous guider dans cette étude, de connaître la marche suivie en Amérique afin d'obtenir une prolongation de la durée d'un brevet; la position de l'inventeur américain offrant dans ce cas une ressemblance lointaine avec celle de l'inventeur postulant une indemnité, nous pourrons procéder par voie d'analogie.

La loi permet en Amérique la prolongation d'un brevet sous les conditions suivantes : il faut que l'inventeur établisse :

1° La nouveauté de son invention en donnant l'historique de son origine et les preuves que le brevet est valable;

2° L'utilité de l'invention, son mérite spécial;

3° La valeur qu'a eue cette invention pour le public, en démontrant l'appréciation favorable dont elle a été l'objet et le bénéfice que le public a retiré de son usage;

4° La rémunération que l'inventeur en a reçue, en indiquant non-seulement le profit, s'il y en a eu, mais les causes invoquées par l'inventeur pour prouver l'insuffisance de la rémunération.

5° Enfin la diligence qu'il a mise à réaliser son invention et la cause, s'il y en a une, du retard apporté par le public à l'adoption de ladite invention.

Le bénéfice réalisé par l'inventeur pendant ces quatorze années avait dépassé (ce chiffre était accusé par ses livres) la somme de 468,632 dollars, environ 2,530,612 fr. 80 c.

Il n'est certainement pas un inventeur en France qui n'eût trouvé ce bénéfice assez raisonnable et qui ne s'en fût contenté, et cependant l'avocat de l'inventeur américain s'étonne de la modicité de la rémunération ; 2, 530,612 francs ! dit-il, c'est une bien faible proportion du bénéfice que le public a réalisé par l'emploi de cette invention.

L'avocat démontre, en prenant pour base *sept branches d'industrie* seulement, dans la *seule cité* de New-York, que l'économie réalisée par les machines à coudre a été de 103,071,930 dollars, soit plus de 556,588,422 francs !

On peut se demander quel serait le chiffre de l'économie réalisée dans les États-Unis, pour ne pas parler du reste de l'univers.

Après avoir prouvé de diverses manières la valeur pécuniaire de cette invention et en ne prenant pour

base que la moitié de l'économie due manifestement à
l'emploi de la machine à coudre, en divisant ensuite
cette somme par le profit déjà réalisé par l'inventeur,
l'avocat trouve comme résultat que l'économie a été
chaque année pour la société de plus de cent trois fois
le montant de la totalité des profits perçus par l'inventeur pendant toute la durée de son privilége.

Il n'est peut-être pas inutile d'ajouter que l'avocat
a gagné son procès, et que la prolongation a été accordée [1].

Revenons maintenant à notre inventeur : pour motiver sa demande d'indemnité devant la cour, il
faudra sans doute qu'il établisse contradictoirement
comme en Amérique :

1º La nouveauté de son invention, son utilité et son
mérite spécial ;

2º Le profit que le public en a retiré, la nature et
l'importance de ce profit.

A cet effet il faudra que le demandeur se procure
le chiffre exact des machines ou produits fabriqués
conformément à son invention.

Aux États-Unis le relevé des machines vendues a

1 Voir *Newton's Journal of Arts*, décembre 1860.

été fait sur les livres du breveté ou de ses cessionnaires : c'était tout simple ; mais en France à quelle
source l'inventeur ira-t-il puiser ces renseignements,
toute personne ayant le droit d'user de l'invention ?
Faudra-t-il compulser les livres de chacun des industriels ayant la même spécialité, et cela, non-seulement à Paris, mais par toute la France ?

Si ces industriels refusent de laisser prendre ainsi
à tous venants communication de leurs livres, ce qui
sera probable, faudra-t-il que l'inventeur escorté d'un
huissier aille frapper à toutes les portes ? ou devra-t-il
négliger le chiffre de la fabrication des récalcitrants
et fausser ainsi les bases de l'indemnité ?

Il ne suffit pas, en effet, qu'il dise : j'ai la conviction
que mon invention a été exploitée sur une grande
échelle, il faut qu'il le prouve.

Et si l'invention, point de départ de tous les perfectionnements, se trouve modifiée de telle façon qu'il
ne soit plus possible d'en établir l'identité ? S'il s'agit
d'un procédé de fabrication tel que le produit n'en
puisse déceler l'emploi ? S'il s'agit d'une composition,
d'une peinture dont les éléments constitutifs ne puissent se révéler à l'inspection, comment pourra-t-on
établir que l'invention a ou non été exploitée ?

A quelle époque de l'exploitation devra être formée la demande ?

Car il n'est pas juste d'imposer comme obligatoire, le délai de trois ans : qu'est-ce que trois ans pour exploiter une invention ?

Quel sera le terme que l'on adoptera? Sera-ce dix ans, vingt ans après l'exploitation, au choix de l'inventeur ? Dans beaucoup de cas le délai de quinze ans est insuffisant pour que l'invention arrive à sa maturité, et dans d'autres elle meurt de vieillesse avant d'atteindre le tiers de cette durée.

Prenons cependant, comme limite extrême des délais de la demande d'indemnité, la période ordinaire du privilége actuel, voyons ce qu'une invention importante peut rapporter à son auteur, et ce que la caisse industrielle serait en mesure de lui accorder comme indemnité.

La machine à coudre a donné à l'inventeur, en quatorze années, un bénéfice net de 2,574,612 francs, et ce bénéfice n'a pas été jugé suffisant en raison de l'énorme gain que la société a fait par l'emploi de cette machine.

Ce gain, avons-nous dit plus haut, a été chaque année, *dans le seul État de New-York*, de cent trois fois le montant du bénéfice perçu par l'inventeur pendant quatorze années, soit :

$$2,530,612 \text{ fr. } 80 \text{ c. } \times 103 = 260,653,118 \text{ fr. } 40 \text{ c.}$$

Pour une période de quinze ans, limite actuelle des brevets en France, l'économie produite par la machine serait de :

$$260,653,118 \text{ fr. } 40 \text{ c. } \times 15 = 3,909,796,776 \text{ fr.}$$

La somme dont la société a bénéficié est donc de près de quatre milliards.

Et que réclamera l'inventeur pour indemnité ?

Dix pour cent ? Cinq pour cent ? Dans la plupart des cas ce sera bien peu, mais dans l'espèce, s'il se contentait d'un pour cent, sa demande s'éleverait encore au chiffre de quarante millions de francs !

La caisse industrielle contestera sans doute : et cependant ce n'est pas le seul exemple de brevets ayant acquis, en Angleterre et en Amérique, une valeur étonnante.

L'invention de Goodyear pour la vulcanisation du caoutchouc a été estimée en Amérique, après une en-

quête semblable, à la somme de dix millions huit
cent mille francs !

En France n'a-t-on pas alloué, dernièrement, à
M. Sax, 500,000 francs de dommages-intérêts, qui ont
à peine suffi à l'indemniser de ses pertes.

Il y a aujourd'hui environ cinq mille brevets délivrés annuellement ; supposez qu'un dixième seulement de ces inventions, et c'est peu, ait droit à
une indemnité, et que parmi celles-là, il y en ait
quelques-unes de cette valeur.

La caisse industrielle serait-elle en mesure de satisfaire à de pareilles demandes ?

Frappera-t-on, dans ce cas, les industriels d'une
taxe plus forte ? Il nous semble alors entendre ceux-ci
s'écrier à chaque invention nouvelle : encore une
conquête de cette nature et nous sommes ruinés !

Mais, dira-t-on, cette valeur est exagérée, l'inventeur se contentera d'une somme bien moindre.

En quoi est-elle exagérée ? On a vu sur quelles bases
a été établi le calcul.

Si l'inventeur, avec un brevet, aurait pu gagner
dix millions et que la caisse industrielle ne les lui
accorde pas, l'inventeur sera frustré. Vous n'avez pas
plus le droit de fixer la valeur que vous daignez ac-

corder à une invention, que ne l'aurait un communiste de régler la somme dont vous avez besoin pour vivre.

Récompenserez-vous par une indemnité d'un pour cent l'industriel dont la découverte modeste a donné lieu à un médiocre chiffre d'affaires (100,000 francs par exemple), qui sous la loi actuelle suffit pour faire la fortune *relative*, bien entendu, du petit fabricant? or, une indemnité de mille francs ne remplacerait certainement pas pour lui le gain qu'il aurait fait avec un brevet; d'ailleurs les inventions les plus minimes donnent souvent lieu à des bénéfices incroyables, et l'indemnité ne sera jamais en rapport avec ces bénéfices [1].

[1] Il n'y a pas de petite invention quand elle donne un résultat industriel; ainsi les boulettes inflammables qui servent à allumer le feu, ont dû, à juger de leur emploi si répandu, donner au breveté un profit important; il en est de même des papiers à cigarettes, vendus en rouleaux ou *cartouches*, au lieu de petits cahiers; des jouets d'enfants, dits *spiralifères*, des ballons gonflés de gaz hydrogène, ces lilliputiens émules des aérostats, dont la vente a procuré des sommes d'une importance fabuleuse; faut-il parler enfin des jupons à ressort d'acier, brevetés aussi, dont le développement et l'usage ne sont que trop connus; or, les auteurs de ces inventions, surtout peut-être le dernier que nous venons de citer, pourraient-ils jamais obtenir une indemnité égale aux bénéfices qu'ils ont recueillis ?

Nous raisonnons ici dans l'hypothèse d'une invention ayant parfaitement réussi : il n'en est pas toujours ainsi : il arrive bien souvent qu'après quinze ans même de travaux de toutes sortes, et de dépenses, l'industriel n'a *réalisé* que des pertes ; et cependant l'invention a souvent une valeur qui, à la longue, finit par triompher de tous les obstacles[1].

Dans le cas de perte ou de rémunération insuffisante, en Angleterre, de même qu'en Amérique, on accorde une prolongation plus ou moins étendue du brevet, et l'inventeur réussit ainsi souvent sinon à faire des bénéfices, du moins à rentrer dans ses frais quelquefois énormes ; c'est ce que démontre le tableau suivant où sont classées quelques-unes des inventions qui ont mérité en Angleterre la faveur de ces prolongations.

---

[1] Quinze ans après la découverte du gaz, combien y avait-il de becs allumés ? Quinze ans après les premières preuves de la possibilité des chemins de fer, quel était notre réseau ? Quinze ans après l'invention de Fulton, combien possédions-nous de bateaux à vapeur ? Quinze ans après l'invention de Sauvage, combien y avait-il de bateaux à hélice ? (*Constitutionnel* du 28 novembre 1860.)

NOMS DES BREVETÉS.	OBJET DES INVENTIONS.	RECETTES.	PERTES.	DURÉE DE L'EXTENSION.
Galloway	Roues à palettes	0000	200,000	Cinq ans.
Wright	Tuiles	2,500	17,500	Sept ans.
Derosne	Raffinage du sucre	83,250	00000	Six ans.
Perkins	Tubes	187,450	00000	Cinq ans.
Erard	Pianos	0000	375,000	Sept ans.
Wright	Épingles	0000	Perte.	Cinq ans.
Robert	Métier à filer (Self acting)	175,000	250,000	Cinq ans.
Porter	Ancre	0000	375,000	Six ans.
Heath	Acier	0000	Perte.	Sept ans.
Muntz	Métal jaune pour doubler les vaisseaux.	1,375,000	00000	Refusé.

Or, nous le demandons, si au bout de quinze ans, un de ces inventeurs se présentait devant la Cour en apportant la preuve qu'il avait, comme Erard ou Porter, dépensé 375,000 francs pour exploiter son invention (qui nécessairement n'avait pas été accueillie généralement, car elle aurait donné des bénéfices), et qu'il réclamât une indemnité? On lui répondrait : « Votre invention est mauvaise, puisque vous avez « dépensé une fortune sans parvenir à la faire réus- « sir, et nous n'accordons d'indemnité qu'aux bonnes « inventions. »

Et cette réponse serait conforme au principe. Tel est cependant le genre de protection que les inventeurs peuvent espérer sous le système proposé!

Mais une autre considération se présente, qui mérite d'être pesée : les inventeurs étrangers auront-ils droit à une indemnité?

Si l'on répond que non, que leurs inventions seront vulgarisées de suite en France sans bénéfice pour eux, nous repoussons cette mesure comme déloyale de la part de tout pays qui oserait l'adopter.

Quoi! tous les peuples industriels, sauf la Prusse et l'Amérique peut-être, accueillent les inventeurs étrangers comme leurs nationaux, et la France seule, entrant dans une voie d'injustice, reconnaîtrait la libéralité de ces dispositions internationales, en autorisant la spoliation des inventeurs étrangers?

Non, nous en sommes convaincu, la loyauté française s'indignerait d'un tel abus, et l'adhésion du gouvernement à la souscription en faveur de M. Morse, Américain, inventeur du télégraphe électrique, répond victorieusement à une pareille supposition.

Ainsi les étrangers seront admis à jouir du bénéfice de la réforme proposée, et les industriels français seront imposés extraordinairement pour indemniser les inventeurs de tous les pays de la terre, à condition que les procédés de ceux-ci aient été exploités en France! Les conséquences d'une pareille innovation s'apprécient sans commentaires.

Enfin, comme dernière objection, nous demanderons ce que l'on fera des brevets délivrés sous l'ancienne loi, et qui constitueraient un monopole anormal au milieu d'une liberté sans bornes?

Il est impossible de les annuler. Faudra-t-il les racheter? Il y en aura peut-être de cinquante à soixante mille en cours d'exploitation.

Il est aisé de prévoir que ce rachat entraînerait à des frais d'indemnité impossibles à couvrir.

En résumé, nous sommes convaincu qu'une loi établie sur les vues nouvelles que nous nous sommes attaché à réfuter produirait les effets les plus déplorables pour l'industrie, parce que les inventeurs ne consentiront jamais à échanger leur propriété contre les chances d'une rémunération incertaine, et qui, d'ailleurs, sera souvent insuffisante ; la société perdra ainsi le bénéfice d'une foule de découvertes qui périront avec les hommes qui en auront gardé le secret.

Les essais coûteux, inséparables de toute création industrielle, ne pourront plus être tentés, parce que les inventeurs seront toujours dans une position plus mauvaise que leurs concurrents. Quand une invention aura été amenée au degré de perfection nécessaire, ces derniers s'en empareront sans autre peine que celle d'avoir attendu.

En l'absence de tout privilége, les inventeurs, quand une découverte pourra être exécutée en secret, se contenteront du gain qu'ils réaliseront en l'exploitant par leurs mains.

Ainsi quand Gutenberg eut inventé l'imprimerie, et que son perfide associé, qui avait avancé les fonds considérables pour la réalisation de son invention, l'eut forcé à abandonner ses droits, et l'eut réduit à la misère, que se passa-t-il?

C'était à l'époque où le privilége pour invention n'existait pas encore.

« Fauste s'associe à son gendre Schœffer pour ex-
« ploiter les produits de cet art nouveau..... »

« A ses ouvriers.... il fait jurer sur la Bible de gar-
« der le secret de cette fabrication. Pour mieux s'assu-
« rer de leur silence, le vieil usurier leur fait souscrire
« des billets dont il retiendra le montant sur leur sa-
« laire en cas d'indiscrétion. Comme dernière
« garantie de sûreté, il établit ses ateliers au fond de
« sombres caves, et y tient ses ouvriers sous clef [1]. »

Quand l'invention ne pourra être exploitée en se-
cret, les inventeurs iront à l'étranger, ils se jetteront dans les bras de l'Angleterre qui les accueillera comme elle a déjà fait tant de fois, et « nos abeilles
« iront porter leur miel hors de leur ruche, » sui-
vant la pittoresque expression de M. de Boufflers.

[1] Louis Figuier, *Grandes Inventions*, page 7.

TROISIÈME PARTIE

TROISIÈME PARTIE

RÉFORMES NÉCESSAIRES POUR DONNER AUX BREVETS UNE VALEUR RÉELLE.

A quoi faut-il attribuer l'inefficacité du titre accordé sous le nom de brevet d'invention?

A trois causes :

1º Au vice de la délivrance;

2º Aux entraves imposées à la jouissance;

3º A l'impuissance de la loi pour réprimer la contrefaçon.

Ces trois causes, que nous allons étudier séparément, ont pour effet d'avilir considérablement les

brevets dès leur origine, et par conséquent d'encourager les contrefacteurs, et comme les inventions importantes sont celles qui ont toujours le plus de
chance d'être contrefaites, on voit souvent que,
meilleure est l'invention , moins le brevet est
respecté.

I

VICE DE LA DÉLIVRANCE

L'absence de tout examen, de tout contrôle préalable, telle est la première cause de l'anarchie dans laquelle gémit le régime industriel.

Par suite de l'adoption de ce principe, comme les inventions les plus nulles pourraient être brevetées, le législateur a dû, pour prévenir ces abus, spécifier dans quels cas un brevet délivré ne serait pas valable; il a dû dresser ainsi cette longue liste de nullités qui, jointe à celle des déchéances, paraît avoir été formulée pour l'usage des contrefacteurs.

Mais il ne suffit pas que les brevets délivrés pour des inventions non nouvelles puissent être annulés après leur délivrance ; leur existence même est un obstacle au progrès de l'industrie. On voit tous les jours qu'un brevet délivré dans ces conditions, quoique essentiellement nul et ne devant pas produire d'effet, vit cependant d'une vie factice qui ne peut lui être ravie que par les tribunaux ; les inconvénients qu'entraîne la délivrance d'un brevet nul sont graves : entre les mains d'un inventeur de mauvaise foi c'est une usurpation qui peut entraver toute une industrie.

Les poursuites qu'il exerce, en vertu de ce titre, constituent une vexation inutile toujours blessante pour les industriels accusés de contrefaçon.

En vain le breveté sera-t-il condamné à des dommages-intérêts, le retentissement qu'a eu l'affaire, le dérangement et la perte de temps et d'argent ne peuvent jamais être estimés à leur juste valeur.

Un brevet nul est encore une cause de perte sérieuse et imméritée pour l'inventeur de bonne foi qui se croit pourvu d'un élément de force et de sécurité parce qu'il a obtenu un brevet ; il se lance dans une fabrication étendue, contracte des engagements que souvent il ne pourra remplir, forme des sociétés, et enfin poursuit de prétendus contrefacteurs. C'est alors seulement qu'il apprend que son titre n'a aucune valeur.

On dira peut-être que c'est un résultat fâcheux mais un résultat que les inventeurs doivent attribuer à leur incurie, qu'ils sont toujours dans les nuages, que jamais ils ne descendent à terre, ou que, s'ils y descendent ce n'est certainement pas pour s'occuper de ce que les autres ont fait avant eux..., qu'ils devraient, avant de prendre le brevet, s'assurer si leurs inventions sont réellement nouvelles.

Mais de pareilles recherches sont-elles bien à la portée des inventeurs et leur est-il facile de les faire ?

Celui qui réside à Paris a, il est vrai, la ressource de s'adresser au ministère du commerce, mais au milieu de ce dédale de descriptions, sans fil conducteur, il ne peut que s'égarer ; son guide unique est un catalogue dont la disposition change souvent et qui ne lui offre qu'une série de titres vagues sans distinction spéciale.

Mais si l'inventeur réside en province, les difficultés sont plus grandes encore ; il n'a pas toujours le temps ni les moyens de faire un voyage à Paris pour consulter les descriptions au ministère ; s'il se contente de parcourir la publication officielle, il ne trouvera d'abord aucune description des brevets dont on n'a payé que la première annuité : quant aux autres il s'apercevra que souvent elles n'ont été publiées ni textuellement ni par extrait.

D'un autre côté, en raison de la facilité déplorable avec laquelle on obtient des brevets pour des inventions ébauchées, les industriels ne peuvent pas toujours faire des essais suffisamment prolongés pour amener leurs inventions à l'état de perfection désirable.

Craignant d'être, par suite de quelque indiscrétion, prévenus dans leur demande, ils se hâtent d'assurer la priorité à leur idée, sauf à perfectionner ensuite ; c'est là ce qui donne naissance à cette foule de brevets imparfaits, et à ces brevets de perfectionnements tant critiqués.

Ajoutons enfin que l'inventeur peut ignorer la loi spéciale ; il peut ne pas apprécier convenablement les conditions sous lesquelles sont délivrés les brevets ; il peut, par oubli ou par erreur, ne pas les remplir suivant l'esprit de la loi ; n'importe, personne n'a mission de l'éclairer et pourvu qu'il en ait accompli la lettre, le brevet nul ou non lui sera délivré.

Avant d'examiner par quel moyen on pourrait obvier à ces inconvénients, d'une gravité incontestable, jetons les yeux sur les législations de l'Angleterre et de l'Amérique, pays industriels par excellence, où les brevets ont une valeur réelle, inconnue en France.

LETTRES-PATENTES EN ANGLETERRE.

« Sous l'ancienne loi les brevets étaient accordés sans examen préalable, mais comme on reconnut que ce système donnait naissance à des abus, on introduisit dans la loi de 1852, l'examen préalable comme condition de la délivrance des brevets.

« Un inventeur, avant de pouvoir obtenir des lettres-patentes, est tenu de déposer une description provisoire de son invention au bureau des commissaires qui la transmettent à un officier de la Couronne,

celui-ci, après un examen ayant pour objet de vérifier si l'invention paraît brevetable et si la description et le titre sont suffisants et convenables, délivre
un certificat constatant que la demande satisfait à ces
conditions.

« Si, au contraire, l'officier de la Couronne trouve
que le titre de l'invention est trop étendu, que la
spécification provisoire est obscure ou insuffisante,
il exige des modifications avant d'accorder son certificat.

« Dès que cette formalité est remplie et que le certificat est délivré, le titre de l'invention protégée pro-
visoirement est publié dans les journaux désignés à
cet effet, et l'impétrant, ayant ainsi pris date, a six
mois pour amener son invention au degré de perfection convenable et enregistrer sa spécification défi-
nitive.

« Avant l'expiration des six mois l'inventeur doit
former sa demande pour obtenir les lettres-patentes,
cette demande est insérée dans les journaux et toute
personne ayant intérêt à s'opposer à la délivrance
du brevet, peut adresser aux commissaires un dire
dans lequel seront expliqués les motifs de son opposition.

« Dès que les délais sont expirés sans qu'il ait été formulé d'opposition, le brevet est délivré.

« Par ce moyen on a quelque garantie que l'invention est de nature brevetable, que le titre comprend bien l'invention et s'y applique, et que la demande ne renferme qu'une seule idée principale avec les seuls accessoires qui en découlent rigoureusement. »

LETTRES-PATENTES EN AMÉRIQUE.

« L'impétrant doit présenter à un commissaire spécial une demande avec une description complète de ses moyens et procédés, des dessins et un modèle fonctionnant si la nature de l'invention le permet.

« Le commissaire doit faire un examen consciencieux de l'invention, et ne délivre le brevet que s'il résulte de cet examen :

« 1° Que l'objet de la demande n'a pas encore été inventé ou découvert aux États-Unis ;

« 2° Qu'il n'a pas été breveté déjà et qu'il n'a

pas paru dans une publication américaine ou étrangère ;

« 3° Qu'il n'a pas été mis en vente ou en usage public avec le consentement exprès ou tacite de l'impétrant avant la date de la demande dont il s'agit.

« Si le commissaire considère l'invention comme n'étant pas nouvelle, ou comme faisant partie d'un brevet préexistant, alors la demande est rejetée.

« Mais si la description est obscure ou insuffisante, le commissaire prévient l'impétrant, et lui donne les conseils qu'il juge utiles pour le déterminer à modifier ou à retirer sa demande. La décision du commissaire, si elle est contestée, est soumise à trois experts dont l'opinion fait loi entre l'impétrant et le commissaire.

« Dans tous les cas, l'impétrant, au lieu d'une déclaration comme en Angleterre, doit prêter serment qu'il se croit le premier inventeur. »

En France et d'après la loi de 1791, le comité consultatif des arts et manufactures remplissait des fonctions analogues sous quelques rapports à celles des commissaires de l'Angleterre et des États-Unis, mais sans en avoir l'autorité : il examinait si la description était suffisante pour bien faire comprendre l'invention, si celle-ci était nouvelle, et n'avait pas été brevetée en faveur d'une autre.

Le comité énonçait son opinion sans l'imposer et si l'inventeur persistait dans sa demande, sans tenir compte des observations du comité, le brevet était délivré.

Il est bien regrettable que l'intervention de cette excellente institution ait été supprimée, car elle pouvait prévenir bien des abus et elle rendait un signalé service à l'inventeur et à la société.

A l'inventeur, parce qu'en l'avertissant que sa description n'était pas suffisante ou que son invention n'était pas nouvelle, le comité l'éclairait sur sa véritable position, et l'empêchait de faire fausse route.

A la société, parce que les industriels avant de traiter avec l'inventeur pouvaient s'assurer, par la décision même du comité, s'il y avait présomption de nouveauté en faveur de l'invention, et si la description, déposée à l'appui du brevet, n'avait pas été jugée incomplète et insuffisante.

Enfin parce qu'en n'accueillant sans observations que les inventions nouvelles et les descriptions claires et satisfaisantes, il empêchait la création d'une foule de brevets nuls.

On répondra sans doute que l'influence de ce comité était plutôt morale que réelle, et que les brevetés souvent n'en tenaient pas compte ; on cite même plusieurs cas de cette nature.

Mais lorsque l'examen préalable serait une des formalités préliminaires de l'obtention d'un brevet, que le résultat de cet examen, fait par des hommes compétents, se trouverait mentionné sur le brevet, l'invention serait plus respectée et on n'attaquerait le brevet qu'en parfaite connaissance de cause et avec des preuves sérieuses et concluantes.

Au lieu qu'aujourd'hui le défaut de nouveauté est le grand cheval de bataille de tous les contrefacteurs, c'est ordinairement, avec le vice de description, la nullité invoquée de préférence, et dans beaucoup de cas c'est par ce motif que les brevets sont écartés.

Mais pour apprécier le caractère de sérieuse utilité que présenterait l'avis préalable d'un comité spécial, supposons que cet avis soit exigé, avant la délivrance du brevet, sous l'empire même de la législation actuelle, et voyons quels seront ses effets.

Une invention étant soumise au comité, celui-ci s'opposera à la délivrance d'un brevet :

1º Si l'objet de la demande ne peut pas être considéré comme une invention ou découverte nouvelle, conformément aux prescriptions de l'art. 2 ;

2º S'il se rapporte à des préparations pharmaceutiques, à des plans ou combinaisons de finances (art. 3) ;

3º Si la description et les dessins ne sont pas joints à la demande (art. 5) ;

4º Si la demande comprend plusieurs inventions (art. 6) ;

5º Si les formalités relatives à la description et aux dessins, exigées par l'art. 6, n'ont pas été remplies ;

6º Si l'invention ou découverte n'est pas nouvelle (art. 30, 1º) ;

7º Si la demande porte sur des principes, méthodes, systèmes ou découvertes dont on n'aurait pas indiqué les applications (art. 30, 3º) ;

8º Si la découverte ou invention est contraire aux lois ou aux bonnes mœurs, etc. (art. 30, 4º) ;

9º Si le titre n'indique pas bien réellement l'objet de la demande (art. 30, 5º) ;

10° Si la description n'est pas suffisante et loyale (art. 30, 6°);

11° Si l'objet de la demande est un perfectionnement à une invention brevetée, et jouissant encore du privilége de l'année (art. 30, 7°);

12° Si les certificats d'addition ne se rapportent pas au brevet principal (art. 30);

13° Enfin, lorsque le demandeur est déjà breveté à l'étranger, si la description a été publiée à l'étranger avant la date de la demande en France.

Remarquons d'abord que sous la loi actuelle, c'est-à-dire, sous l'empire de *non examen*, le ministre peut refuser de délivrer un brevet pour préparations pharmaceutiques et plans de finances (nullité n° 2), et que dans ce cas la taxe est restituée, il faut donc que la ministre *examine* la description; si cependant le brevet était déjà délivré il serait de nul effet (art. 30, 2°). Les nullités 4 et 5, donnent lieu au rejet de la demande, avec perte de la moitié de la taxe, mais on a décidé que le vice de complexité (n° 4) était couvert par la délivrance du brevet; ainsi le brevet est *accordé sans examen*, mais il ne peut plus être attaqué pour vice de complexité *dès qu'il est accordé*.

La nullité (8°) ne peut, que dans des cas très-rares, être invoquée par un particulier.

Remarquons ensuite que les nullités peuvent se partager en trois classes :

Nullités radicales 2,7,8.

Nullités éventuelles 1,6,11, 12,13.

Nullités se rapportant aux formes et pouvant être évitées en suivant l'avis du comité 3,4,5,9,10.

Pour ces dernières l'avis du comité serait souverain parce qu'il pourrait exiger les modifications nécessaires avant qu'il ne fût délivré de brevet. Les nullités 6 et 13 relatives à la non-nouveauté deviendraient des *nullités radicales* si le comité donnait la preuve d'une publication antérieure; mais hors de ces cas, il y aurait présomption de nouveauté en faveur de l'invention, jusqu'à preuve du contraire, c'est-à-dire jusqu'à une sorte d'inscription de faux.

On ne pourrait donc plus harceler les brevetés par des accusations vagues d'insuffisance de la description, vice du titre, car toutes ces nullités se trouveraient généralement couvertes par la délivrance du brevet.

Sur le titre serait mentionné le résultat de la délibération du comité, et dans le cas où malgré l'avis défavorable l'inventeur persisterait dans sa demande, le brevet lui serait délivré, mais avec la mention des observations du comité.

Il faut excepter toutefois les nullités radicales ou d'ordre public 2,7,8 qui formeraient toujours obstacle à la délivrance du brevet.

Mais là ne se bornerait pas encore l'avantage de l'examen préalable par un comité.

On sait qu'après le payement de la deuxième annuité, les descriptions et dessins doivent être publiés en entier ou par extrait; or cette publication est dans bien des cas parfaitement illusoire, car souvent la description est tellement nulle ou insuffisante (sans parler de celles qui ont été rédigées avec un mépris complet pour les règles de la syntaxe), qu'il est inutile ou impossible de la] publier même par extrait, dans ces cas la publication est bornée à ces mots :

Le breveté indique un moyen de produire tel résultat.

Il faut avouer que ceux qui ont intérêt à consulter une pareille publication ne doivent pas être très-satisfaits des renseignements qu'ils y puisent.

Mais comment peut-il en être autrement? le ministre n'a pas mission de *refaire* les descriptions ni de les *corriger*, mais de les publier textuellement ou par extrait, et quand ni l'un ni l'autre de ces moyens n'est réalisable, il faut recourir à un troisième expédient, et passer sous silence certaines descriptions d'une nullité trop évidente.

Cependant une publication complète serait indispensable, car c'est la seule source à laquelle peuvent remonter les industriels pour savoir positivement si telle invention a été ou non déjà réalisée et de quelle manière.

La société d'encouragement, dont l'autorité fait loi en pareille matière, avait déjà apprécié tous les avantages qu'il y aurait pour les inventeurs à pouvoir obtenir comme en Angleterre copie de tel ou tel brevet, suivant leurs besoins. Elle avait même publié, à titre d'exemple, une description sur le format des spécifications anglaises.

Mais, nous le demandons, dans l'état actuel des descriptions déposées, combien en trouverait-on qui fussent dignes de figurer dans une publication instructive?

Les spécifications anglaises et américaines devant être soumises à un examen préalable, sont toutes faites avec un très-grand soin,[1] et c'est ce qui rend possible leur publication.

En résumé, les avantages qu'offrirait l'intervention du comité consultatif seraient les suivants :

Le comité aura exclu ou réformé toutes les demandes pour inventions évidemment nulles ou non nouvelles, il fera corriger et reproduire convenablement les descriptions insuffisantes, et de cette façon la foule des titres nuls délivrés sous la loi actuelle aura disparu.

Enfin la publication de toutes les descriptions serait faite en entier, et pour faciliter ce travail, on pourrait fixer comme cela se pratique en Angleterre et en Amérique, la dimension des dessins, afin que la reproduction en fût possible sans réduction.

Ajoutons en terminant que ce ne serait pas à proprement parler une innovation que nous proposons ainsi.

Car « un comité consultatif dans lequel ont con-
« stamment siégé quelques-uns des plus illustres
« maîtres de la science est établi depuis longues an-
« nées auprès du ministère ; il donne de simples avis,
« mais on ne saurait trop engager les demandeurs
« de brevets à avoir la prudence de s'y conformer [1].»

[1] Nouguier, *Brevets d'invention*, p. 70.

Il faut croire que malheureusement « cette tutelle « gracieuse, qui conseille et ne commande pas, » est tombée en désuétude, et nous croyons qu'en la rétablissant, mais avec une autorité digne de sa mission, on rendrait un service réel aux inventeurs.

II

ENTRAVES APPORTÉES A LA JOUISSANCE

La seconde cause de l'avilissement des brevets est due à la multiplicité des restrictions imposées par la loi à la jouissance des droits concédés.

Donner et retenir ne vaut dit-on, et cependant le législateur ne semble préoccupé que du soin de frapper de déchéance le privilége qu'il vient d'accorder.

« Faut-il donc tant désirer de faire tomber une
« invention dans le domaine public? N'est-ce pas
« comme si vous y faisiez tomber un jardin, un en-
« clos cultivé, qui se changeraient immédiatement

« en friche, en pacage, en pâtis communaux ? le
« beau bénéfice ! la belle action ! le beau progrès [1] ! »

La loi a imposé au breveté à peine de déchéance
les obligations suivantes :

1° De payer à jour fixe sans délai de grâce la taxe
due annuellement ;

2° De mettre l'invention à exécution dans les deux
ans ;

3° De ne pas interrompre pendant deux ans l'exploitation commencée.

Enfin l'obligation de faire par-devant notaire toute
cession même partielle, et de payer par avance toutes
les annuités restant dues jusqu'à la fin du privilége,
constitue une quatrième restriction.

Nous omettons à dessein la défense d'introduire
de l'étranger des articles semblables à ceux garantis
par le brevet, cette restriction est parfaitement ra-
tionnelle ; un privilége industriel ne doit pas être un
monopole commercial.

Il est de principe incontestable que les restrictions
nuisent au développement des inventions et que conséquemment elles devraient disparaître de la loi.

[1] Jobard, *Monautopole.*

1re RESTRICTION.

Obligation de payer l'annuité à jour fixe.

On avait proposé de réduire le montant de la taxe sous prétexte qu'un inventeur pauvre se trouve souvent dans l'impossibilité de l'acquitter : abaisser la taxe, ce serait multiplier les brevets entachés de nullité, ou délivrés pour des inventions futiles ou sans valeur, ce fléau de l'industrie actuelle, et diminuer encore le peu de prix qu'offrent ces titres aujourd'hui : garantissez efficacement à l'auteur d'une invention ou d'une découverte les droits qu'il a sur cette œuvre, et quelque pauvre qu'il soit, il trouvera toujours 100 francs pour prendre un brevet.

En Angleterre un brevet pour trois ans ne coûte guère moins qu'un brevet de quinze ans, toutes annuités payées en France, et pourtant on ne voit pas qu'en Angleterre le taux de la taxe oppose un obstacle réel à l'ouvrier qui veut demander un brevet.

Aussi, estimons-nous que la taxe annuelle est un frein utile et nécessaire pour réprimer les écarts de l'esprit d'invention, c'est un impôt justement prélevé, et nous n'entendons critiquer que la rigueur de l'échéance. Les jurisconsultes admettent, mais avec une extrême *réserve*, le cas de force majeure ; aucune disposition précise de la loi ne motive cette opinion, et lorsque, en 1848, la révolution eut bouleversé toutes les fortunes, ce fut par un décret du Gouvernement provisoire, tenant de sa situation tous les pouvoirs de la dictature, que l'on releva les inventeurs de la déchéance qu'ils avaient encourue.

Dans bien des cas cette échéance inflexible a anéanti des brevets ayant une valeur réelle.

Ainsi un breveté meurt, ses héritiers n'étant pas présents, on appose les scellés : pendant le temps que dure cette apposition, l'échéance de la taxe arrive, le payement n'a pas lieu et le brevet est frappé de déchéance.

Un breveté meurt, sa femme ou ses enfants orphelins, ignorant les obligations imposées par la loi, laissent écouler le délai fatal, et perdent peut-être ainsi leur unique fortune.

Un breveté est malade ou en voyage, il est éloigné d'une caisse de payement, éprouve en route un accident qui le retarde, etc., etc.

Un breveté étranger envoie dans une lettre l'ordre et les fonds pour payer une annuité : la lettre se perd ou arrive tardivement. . . . . Il y a ainsi une foule de cas où cette restriction dégénère en une pénalité inique : de là vient, sans doute, qu'il y a si peu de brevets dont la taxe ait été régulièrement payée jusqu'à l'expiration du privilége, hormis toutefois les cas de cession.

La question de payement par annuité, introduite tardivement dans l'économie de la loi de 1844, n'avait pas été suffisamment étudiée.

Plusieurs difficultés secondaires se sont élevées à ce sujet dans la pratique. La loi dit que le payement doit avoir lieu *avant* le commencement de chacune des années de jouissance; ainsi un brevet a été pris le 1er janvier, l'annuité devra être payée au plus tard le 31 décembre; mais si le brevet a été pris le 1er janvier à trois heures de l'après-midi le payement fait le 1er janvier à dix heures du matin sera-t-il valable? Les droits du breveté datant de l'heure et de la minute de son dépôt, il semble que l'année ne devrait finir qu'à la même heure du jour correspondant de l'année suivante.

Un brevet dont on n'a pas acquitté la taxe est frappé de déchéance, mais cette déchéance n'étant pas proclamée officiellement, il s'ensuit que le titulaire pourrait pratiquer une saisie en vertu d'un brevet qui n'existerait plus.

Un breveté ayant payé son annuité après l'échéance est déchu de ses droits et cependant il arrive souvent qu'il continue son payement chaque année comme si son brevet était encore en existence; or, dans ce cas, la taxe devrait-elle être perçue?

Comme il est indispensable que le public sache quels sont les brevets actuellement en existence, quels sont ceux frappés de déchéance; qu'il est nécessaire aussi que des poursuites ne puissent plus être exercées en vertu d'un titre qui a cessé d'exister ; ne conviendrait-il pas de modifier comme suit les dispositions relatives au payement des annuités :

1° Le breveté devrait acquitter son annuité avant le commencement de chaque année de jouissance. Ainsi un brevet étant pris le 1er janvier 1860, le payement, pour être régulier, devrait être fait au plus tard le 31 décembre 1860.

2° Il serait accordé un délai de grâce de trois mois à dater du jour de l'échéance de l'annuité, pour acquitter celle-ci ; mais le breveté, afin d'user de cette faveur, devrait payer, outre le montant de l'annuité en retard, et à titre d'amende, une somme supplémentaire. Les trois mois de grâce courraient du jour de l'échéance, c'est-à-dire dans l'espèce ci-dessus, du 31 décembre au 31 mars.

Les mois seraient tels qu'ils sont fixés par le calendrier grégorien, et non des usances; ainsi pour un brevet pris le 30 novembre le terme fatal serait le 28 ou 29 février, suivant les années; passé ce délai le brevet serait frappé de déchéance [1].

3o Tous les trimestres il serait publié une liste des brevets déchus pour non-payement de la taxe, ainsi que des brevets expirés ou des brevets annulés par les tribunaux.

4° Le payement en temps utile de chacune des annuités serait constaté par un timbre sur le titre constituant le brevet [2].

---

[1] Une faculté analogue est accordée en Belgique au breveté.

[2] Comme c'est au Ministère de l'agriculture, du commerce et des travaux publics que tous les avis relatifs au payement des annuités et à l'annulation ou la déchéance des brevets seraient transmis, c'est au Ministère que devraient être présentés les titres chaque année pour l'apposition du timbre. Il suffirait à cet effet de produire le brevet et la quittance de l'annuité échue, et le timbre serait apposé sans retard.

De même pour profiter du délai de grâce, il faudrait que le

5° Le versement de la taxe ne serait perçu chaque année que sur le vû du timbre mentionnant que l'annuité précédente a été payée en temps utile.

On comprend l'importance de ces diverses formalités, elles ont pour effet d'abord d'établir une sorte de registre de l'état civil des brevets, ou chacun pourra puiser les renseignements qu'il a intérêt de connaître. Elles empêchent ensuite qu'un breveté puisse abuser d'un titre frappé de déchéance et enfin que le montant de la taxe soit perçu sur un brevet déchu.

breveté s'adressât au Ministère afin d'obtenir l'ordre nécessaire pour autoriser le caissier de la Recette centrale ou autre à percevoir la taxe et l'amende; car il serait enjoint aux caissiers de refuser le montant de la taxe si le breveté se présentait pour l'acquitter après l'expiration de l'année.

Cet ordre serait délivré sans retard et sans frais sur le vu que les annuités précédentes ont été payées, que le breveté se trouve dans le délai de grâce, et que le brevet n'est pas frappé de déchéance ou annulé par les tribunaux.

Si le dernier jour de l'année ou du délai de grâce était un jour férié, le payement pour être valable devrait être fait la veille.

2e RESTRICTION.

Obligation de mettre l'invention à exécution dans les deux ans à partir de la date du brevet.

On ne donne qu'une raison assez singulière pour motiver cette restriction très-vexatoire; un inventeur, dit-on, armé de son brevet et se posant comme une sorte de borne en travers du progrès, ne veut pas exploiter lui-même (contre son intérêt, contre le simple bon sens) et comme il empêche les autres d'exploiter, il faut frapper son brevet de déchéance. C'est supposer qu'un propriétaire ayant fait construire une maison s'obstinerait à ne vouloir pas la louer et à n'en retirer aucun produit; c'est supposer qu'un auteur refuserait de vendre son manuscrit à un libraire, un peintre de placer son tableau à une exposition, un musicien de livrer sa partition à l'impresario qui consent à la faire jouer ! Quiconque a été tant soit peu auteur ou artiste comprendra ce qu'il y a d'invraisemblable dans une pareille supposition.

Du reste les lois ne sont pas faites en vue des exceptions, mais pour les généralités.

Supposez que dans une législation étrangère on ait découvert la loi suivante :

Tout auteur qui, au bout de deux ans, n'aura pas réussi à vendre son livre, en perdra la propriété : ce livre tombera dans le domaine public..... On trouverait cette législation barbare, et cependant telle est la position faite au breveté : il ne peut pas toujours exploiter par lui-même, et, si le public ne veut pas de son invention, on le punit du mauvais vouloir du public.

En Angleterre, *jamais* cette obligation d'exécuter n'a été imposée, c'est un pays trop industriel pour adopter une pareille restriction. Et il est à notre connaissance que tel brevet anglais qui n'a pas été exploité lors de sa concession ni pendant cinq années a trouvé après cette époque un acquéreur pour une somme considérable.

Heureusement que la loi française a permis d'apprécier les motifs de l'inaction du breveté et que la sagesse des tribunaux répare les duretés de la loi ; dans bien des cas ils ont refusé de frapper de déchéance un breveté qui n'avait pas pu exploiter son invention dans le délai voulu.

Dans le projet de la loi récemment soumis au Corps

législatif, le délai pour mettre à exécution a été prorogé à trois ans, mais sans permettre au breveté de justifier des causes de son inaction..... On n'avait pas prévu sans doute le résultat choquant d'une pareille mesure.

Quand, par exemple, l'invention se rapportera aux tabacs, aux poudres, aux canons, etc., et autres industries que le gouvernement se réserve, le breveté ne pourra mettre à exécution qu'avec l'autorisation spéciale du gouvernement; si par une cause quelconque il n'a pas le bonheur de l'obtenir, au bout de trois ans son brevet sera nécessairement frappé de déchéance, car aucune excuse ne sera admise.

Si l'invention se rapporte aux chemins de fer, à la navigation, au gaz, à toutes les industries enfin dont l'importance est telle qu'un particulier seul ne saurait les exercer, le breveté pourra être condamné à l'inaction, et conséquemment à la déchéance, par le mauvais vouloir des industriels; ceux-ci, sachant qu'au bout de trois ans le brevet tombera dans le domaine public, et qu'alors ils exploiteront l'invention sans rétribution, pourront rejeter systématiquement toute offre d'application de la part des inventeurs.

7

Espérons que cette clause illibérale et indigne de notre siècle sera supprimée, car elle est funeste aux inventeurs, et tout à fait inutile à la société.

L'industrie anglaise n'a jamais souffert de l'absence de cette clause.

3ᵉ RESTRICTION.

Obligation de ne pas céder l'exploitation pendant deux ans.

L'obligation de ne pas cesser l'exploitation pendant deux ans est tout aussi inique que la précédente, et plus singulière encore, car il faut supposer qu'un industriel cessera, de gaîté de cœur, sans motif, son exploitation en plein rapport ; et dans quel but ?

On dira peut-être que l'invention ne vaut plus rien… Mais alors il n'y a pas d'utilité à la faire tomber dans le domaine public.

On peut au surplus poser ce dilemme : ou l'invention a une valeur et alors le breveté a tout intérêt à l'exploiter, s'il ne le fait pas, c'est qu'apparemment il ne le peut,….. ou l'invention n'a pas de valeur, alors la société n'a aucun avantage à se l'approprier.

Dans un cas la déchéance est une injustice criante, dans l'autre elle n'a pas raison d'être.

4ᵉ RESTRICTION.

Obligation de faire toute cession par acte notarié
après payement de l'intégralité de la taxe.

Toute propriété dont la transmission est entravée perd par cela même de sa valeur.

Ainsi l'obligation de faire la cession par acte notarié et de payer la totalité des annuités restant dues, sont deux restrictions qui diminuent considérablement le peu de valeur que peut encore avoir un brevet.

Les inventeurs n'ont pas généralement les moyens de réaliser par eux-mêmes leurs inventions ; ils doivent nécessairement s'adresser à des industriels ou à des capitalistes dont ils ne peuvent espérer le concours qu'en cédant une portion du brevet ; mais cette cession totale ou partielle doit être faite par acte notarié et frappée d'un droit de 2 fr. 20 cent. pour cent, sans compter les frais de l'acte : il faut encore que le capitaliste débourse (et en pure perte si l'invention ne réussit pas) le montant des annuités, soit 1,400 francs dans bien des cas, pour donner à la cession un caractère officiel à l'égard des tiers; or, en dernière analyse, sur qui retombent ces frais? Sur l'inventeur seul ; car le prix qu'il retirera de son invention sera nécessairement diminué de tous les frais de transmission de la propriété.

Les actes de société peuvent être faits sous seings privés, et quelle que soit la valeur des apports, l'enregistrement ne prélève qu'un droit fixe.

L'industrie mérite bien une faveur analogue, d'autant qu'il est de bonne politique d'encourager la spéculation industrielle.

Il suffirait d'exiger, pour l'enregistrement à la préfecture des cessions de brevets, un extrait analogue à celui des actes de société, et de le transcrire sur un registre spécial ; cet extrait serait ensuite publié dans les journaux désignés : aucune cession ne pourrait être enregistrée que sur le vu des timbres constatant que le brevet est en règle.

Toutes les restrictions que nous venons d'énumérer n'ont d'autre effet que d'anéantir ou au moins de diminuer la valeur des brevets, et comme elles ne sont pas exigées par l'intérêt bien entendu de la société, nous espérons qu'elles seront complétement retranchées de la loi nouvelle.

III

IMPUISSANCE DE LA LOI POUR RÉPRIMER LA CONTREFAÇON.

Enfin l'inefficacité des moyens de répression de la contrefaçon et la multiplicité des procès qui en résultent sont la dernière cause de l'avilissement des brevets.

La contrefaçon étant un délit, le breveté peut à son choix saisir de son action les tribunaux civils, ou les tribunaux correctionnels; or, de cette double juridiction, résulte quelquefois qu'il y a deux procès au lieu d'un seul sur une même contestation.

Ainsi le contrefacteur, ayant succombé devant le

tribunal correctionnel sur l'exception de nullité ou déchéance du brevet, peut intenter une action principale en nullité ou déchéance devant le tribunal civil, et reproduire tous les moyens déjà écartés.

D'un autre côté l'étendue de la nullité ou de la déchéance prononcée par le tribunal correctionnel, et leurs effets, ont donné lieu à de graves difficultés (voir le *Traité des brevets d'invention* de M. Nouguier, page 385 et suivantes).

On comprend dès lors comment il se fait qu'un industriel ait pu avoir à soutenir 167 *instances*, obtenir 122 jugements de première instance, 34 arrêts de la Cour impériale, et 10 arrêts de la Cour de cassation ! et qu'un autre ait eu un procès qui a duré plus de sept années [1].

Ce résultat paraît inévitable quand on songe qu'à chaque contrefacteur nouveau le breveté doit combattre les mêmes arguments dont la réfutation l'a déjà fait triompher de ses adversaires précédents; car pour qu'il y ait autorité de la chose jugée à l'égard de toute personne, il faut que, sur les conclu-

[1] *Constitutionnel*, 28 novembre 1860.

sions du ministère public, la nullité ou la déchéance ait été repoussée par un tribunal civil.

Il en est tout autrement quand c'est le tribunal correctionnel qui connaît de la contestation.

En effet ce tribunal ne pouvant statuer qu'à *titre d'exception* sur les moyens de nullité ou de déchéance, il s'ensuit que ces moyens sont uniquement appréciés au point de vue du *délit,* afin d'établir si celui-ci existe ou non.

Quand l'annulation ou la déchéance a été repoussée par un tribunal civil, mais sans que le ministère public ait été partie, il n'y a pas autorité de la chose jugée vis-à-vis des personnes étrangères au procès, et un second contrefacteur peut opposer les mêmes moyens de nullité et de déchéance, qui ont déjà été appréciés par le tribunal dans une précédente action : le premier jugement n'est qu'une présomption, mais ne donne pas l'autorité de la chose jugée.

La procédure est plus expéditive devant le tribunal correctionnel, et permet aussi le témoignagne oral ; enfin elle est moins dispendieuse : ces motifs ont fait admettre la juridiction correctionnelle.

Mais il faut reconnaître que les avantages qui en

résultent sont bien contrebalancés par les difficultés que cette double juridiction entraîne.

Pour protéger les brevets contre ces attaques réitérées, on a songé à instituer ce qu'on appelle la validation des brevets.

Cette validation serait demandée par l'inventeur devant la Cour, qui, le ministère public entendu, examinerait si l'invention est nouvelle, brevetable et n'est entachée d'aucun des faits de nullité ou de déchéance. Chacun serait admis à se constituer opposant à la validation, et si personne ne se présentait, le brevet devrait être validé, c'est-à-dire qu'il ne pourrait plus à l'avenir être attaqué pour non nouveauté.

Or cette disposition, ou protégerait trop les inventeurs au détriment de la société, ou les laisserait après la validation dans le même état qu'avant.

On sait quelle est, en général, l'insouciance du public relativement aux enquêtes *de commodo et incommodo*, on laisse écouler les délais sans s'occuper de la question, puis quand l'établissement au sujet duquel l'enquête a été faite est en pleine activité, on songe à se plaindre,

Lorsque la validation sera demandée, et qu'il ne se

présentera pas d'opposition, le ministère public aura bien de la difficulté à s'assurer que l'invention est ou non nouvelle, de sorte que si la validation prononcée met le brevet à l'abri de toute attaque ultérieure, elle peut conduire à des abus.

Dans les poursuites à contrefaçon, le prévenu, stimulé par la crainte d'une condamnation, a le plus grand intérêt à se procurer les preuves de nullité ou de déchéance, il est directement intéressé à la chute du brevet. Mais, dans la demande en validation, cet intérêt direct n'existera pas, et les opposants seront peu nombreux, par ignorance souvent des démarches faites pour obtenir la validation, ou parce qu'ils ne croiront pas avoir un intérêt direct à se mettre ainsi en frais.

Si la validation n'empêche pas celui qui prouvera l'usage ou la connaissance antérieure, d'opposer cette connaissance au breveté même après la validation, alors celle-ci perd beaucoup de sa valeur, et ne serait en somme que *l'examen après coup* de l'invention, au lieu de l'examen *préalable* que nous proposons; elle n'aurait aucun des avantages de cette dernière, puisqu'elle n'empêcherait pas la création des privilèges nuls ou annulables, et n'éclairerait pas l'inventeur avant la prise de son brevet, enfin parce qu'elle pourrait engendrer des abus.

Il serait à désirer que l'industrie comme le commerce eût son code et un tribunal spécial jugeant sommairement et avec peu de frais ; ce serait là une grande et utile amélioration, dont on s'occupe sérieusement en Angleterre.

En effet, une juridiction du premier degré, rapide, peu coûteuse, et offrant par la composition de son personnel toutes les garanties d'aptitude et d'équité, diminuerait beaucoup les procès.

Les questions d'invention, de nouveauté et de contrefaçon sont excessivement ardues et compliquées, et souvent breveté et contrefacteur éclairés sur leur position véritable ne poursuivraient pas leurs procès avec tant d'acharnement.

L'appréciation faite de la nouveauté de l'invention et de la contrefaçon par un tribunal de famille, sorte de tribunal de conciliation, aplanirait bien des difficultés, et surtout ne laisserait plus voir les choses que sous leur aspect réel, en écartant les débats trop irritants d'une procédure correctionnelle.

Le second degré de juridiction serait attribué aux Cours d'appel, aux lumières et à l'expérience desquelles nous devons la solution des questions les plus compliquées de contrefaçon industrielle.

Il serait facile de déterminer, par analogie avec l'arbitrage du code de commerce, les formes de procédure et de jugement de ce tribunal de premier degré, qui pourrait être composé d'un juge du droit et de deux experts, juges du fait. Cette disposition a déjà été accueillie et patronnée par un jurisconsulte éminent, M. Renouard, comme devant produire d'heureux effets en simplifiant la procédure, en prévenânt l'animosité des parties.

Mais comme, par crainte de l'inconnu, on a déjà rejeté cette proposition qui, selon nous, serait peut-être une des meilleures, nous pensons qu'on pourrait trouver dans la juridiction ordinaire les éléments nécessaires pour réprimer efficacement la contrefaçon et diminuer le nombre des procès.

Rappelons d'abord que si l'examen préalable était rétabli :

1º Toutes les nullités encourues pour insuffisance ou obscurité de la description, et vice du titre, auraient été couvertes par la délivrance du brevet : autant de causes de procès supprimées ;

2º Que les nullités motivées par la non-nouveauté

absolue, ou la non-brevetabilité de l'invention et les contestations qui en proviennent seraient bien plus rares qu'elles ne le sont aujourd'hui ;

3° Qu'enfin toutes les déchéances (sauf une seule, celle résultant de l'introduction par le breveté d'objets fabriqués à l'étranger) seraient supprimées.

La déchéance pour cause de *non-payement* de la taxe ne pourrait jamais donner lieu à un procès, car le breveté n'aurait plus la faculté de pratiquer une saisie en vertu d'un titre frappé de déchéance, et conséquemment toute demande principale en déchéance, de ce chef, deviendrait inutile.

On ne pourrait donc attaquer un brevet que pour défaut absolu de nouveauté ou pour la seule déchéance maintenue dans la loi.

Supposons maintenant que la contrefaçon ne soit plus un délit, mais un fait dommageable (et aujourd'hui, c'est le breveté qui décide s'il y a ou non délit par le choix qu'il fait entre les deux juridictions) ; la contestation sera dès lors soumise au tribunal civil. Supposons en outre que l'intervention du ministère public soit toujours requise, et nous aurons grandement simplifié la question.

Dans cette position, trois cas peuvent se présenter.

Premier cas. Sur l'action intentée par le breveté, le contrefacteur peut opposer (si la contrefaçon est constante), comme nullité, que l'invention n'est pas nouvelle ou qu'elle n'est pas brevetable, et comme déchéance que le breveté aurait introduit des objets de son invention fabriqués à l'étranger.

Ces faits ayant été appréciés par le tribunal qui aura décidé :

1° Que l'invention est nouvelle ;

2° Qu'elle donne un résultat industriel et qu'elle est brevetable, et le ministère public ayant posé ses conclusions, dès que le jugement ou l'arrêt serait passé en force de chose jugée, le brevet ne pourrait plus être attaqué par les moyens qui ont été repoussés. Il en serait de même si l'action en nullité ou déchéance avait été intentée directement contre l'inventeur.

Mais le brevet pourra être attaqué si un second contrefacteur sur l'exception (ou un demandeur principal) oppose des motifs de nullité ou de déchéance que le premier n'a pas présentés.

Deuxième cas. Le brevet a été déclaré nul sur l'action ou sur l'exception parce qu'il n'y avait pas *nouveauté* ou que l'invention n'était pas brevetable, etc. ; il y aurait de même chose jugée à l'égard de tout le monde et le breveté ne pourrait plus opposer son titre qui serait anéanti.

Troisième cas. Le brevet a été écarté parce que le prévenu de contrefaçon ou le demandeur principal aura opposé la connaissance personnelle, avant la date du brevet, dans ce cas il n'y aura pas autorité de la chose jugée si ce n'est entre les parties au procès.

On comprend que de cette manière les contestations au sujet de la validité des brevets diminueraient en grande partie, et il n'y aurait plus matière à procès que sur la question de savoir s'il y a ou non contrefaçon, question qui nécessairement se présenterait toujours, mais bien plus rarement, car on oserait bien moins contrefaire les inventions brevetées.

On obtiendrait de cette manière une sorte de *validation* par un moyen essentiellement légal et avec toutes les garanties possibles pour la société et pour les inventeurs ; car les brevets qui auraient résisté à une première attaque seraient protégés pour l'avenir, contre toute attaque de même nature.

On pourrait objecter peut-être qu'en n'assimilant plus la contrefaçon à un délit on priverait la justice d'une arme pour punir le contrefacteur, car les tribunaux civils n'ont pas qualité pour prononcer des peines ; mais on peut répondre :

1º Qu'il y a une exception à cette règle en matière de séparation de corps, où le tribunal civil peut condamner à la prison ; qu'à plus forte raison il pourrait être autorisé à prononcer une *amende* (ce qui est bien moins grave que l'emprisonnement), surtout si l'intervention du ministère public était toujours requise. Quant à l'emprisonnement en matière de contrefaçon il n'est prononcé que pour le cas de récidive, ou si le contrefacteur est un ouvrier ayant travaillé dans les ateliers du breveté ;

2º Qu'aujourd'hui même le breveté, en choisissant la juridiction civile, fait cesser l'assimilation de la contrefaçon à un délit, et supprime dès lors l'amende comme moyen de répression ;

3º Qu'enfin il est peu convenable de laisser traîner, pour ainsi dire, devant le tribunal correctionnel, des négociants honorables qui souvent sont complétement innocents, ou qui peuvent quelquefois devenir contrefacteurs sans le savoir et surtout sans le vouloir ; cette considération suffirait à elle seule peut-être pour motiver l'innovation proposée.

Ces modifications que nous soumettons à l'appré-

ciation de tous les hommes compétents n'entraîne-
raient pas de grands changements dans l'économie de
la loi actuelle, dont les dispositions fondamentales
seraient respectées.

Pour s'en convaincre il suffit de passer en revue les
différents articles et de voir qu'un simple remanie-
ment permettrait de les mettre en harmonie avec ces
modifications[1].

C'est un grand avantage sur lequel nous insistons
parce que l'on évite ainsi de remplacer, sans transi-
tion, une législation qui a déjà eu seize années d'existence, qui a été interprétée et confirmée par la juris-
prudence et dont les précédents serviraient à éclairer
la religion des membres du comité consultatif.

Il ne nous reste en terminant qu'à présenter deux
observations :

La première a pour objet l'art. 15, qui porte que *la
durée des brevets ne pourra être prolongée que par
une loi,* sans établir quelle serait la durée de cette
prolongation, en quelle forme elle pourrait être demandée et pour quels motifs elle serait accordée.

Quand un inventeur après quinze années de tra-

---

[1] Voir l'*Appendice.*

vaux n'a tiré aucun profit de sa découverte, ou même qu'il n'a fait que des dépenses considérables à son occasion, ce serait justice de lui reconnaître le droit d'obtenir une prolongation de son brevet, lorsqu'il aura démontré que sa découverte a été réellement utile, et qu'il n'a pu, malgré tous ses efforts, obtenir une rémunération en rapport avec l'importance du bienfait dont il aura doté la société.

La seconde observation se rapporte à l'art. 18 dont l'application a été si rare en ce qui concerne les perfectionneurs, qu'on peut le considérer comme un privilége exclusif accordé au breveté pendant une année pour modifier ou améliorer son invention.

Il vaudrait mieux ou le supprimer entièrement ou accorder sans réserve au breveté ce privilége de l'année; d'une manière ou d'une autre on éviterait les difficultés du moyen terme et les contestations qu'il peut faire naître.

APPENDICE

LOI

DU 5 JUILLET 1844

SUR LES

BREVETS D'INVENTION

LOI DU 5 JUILLET 1844

Louis-Philippe, roi des Français,

A tous présents et à venir, salut.

Nous avons proposé, les Chambres ont adopté, nous avons ordonné et ordonnons ce qui suit :

TITRE Ier.

DISPOSITIONS GÉNÉRALES.

Art. 1er. Toute nouvelle découverte ou invention dans tous les genres d'industrie confère à son auteur,

sous les conditions et pour le temps ci-après déter-
minés, le droit exclusif d'exploiter à son profit ladite
découverte ou invention.

Ce droit est constaté par des titres délivrés par le
Gouvernement, sous le nom de brevets d'invention.

Art. 2. Seront considérées comme inventions ou
découvertes nouvelles :

L'invention de nouveaux produits industriels ;

L'invention de nouveaux moyens ou l'application
nouvelle de moyens connus, pour l'obtention d'un
résultat ou d'un produit industriel.

Art. 3. Ne sont pas susceptibles d'être brevetés :

1° Les compositions pharmaceutiques ou remèdes
de toute espèce, lesdits objets demeurant soumis aux
lois et règlements spéciaux sur la matière, et notam-
ment au décret du 18 août 1810, relatifs aux remèdes
secrets ;

2° Les plans et combinaisons de crédit ou de finances.

Art. 4. La durée des brevets sera de cinq, dix
ou quinze années.

Chaque brevet donnera lieu au payement d'une taxe
qui est fixée ainsi qu'il suit, savoir :

500 fr. pour un brevet de cinq ans ;

1,000 fr. pour un brevet de dix ans ;

1,500 fr. pour un brevet de quinze ans.

Cette taxe sera payée par annuités de 100 fr., sous peine de déchéance, si le breveté laisse écouler un terme sans l'acquitter.

TITRE II.

DES FORMALITÉS RELATIVES A LA DÉLIVRANCE DES BREVETS.

SECTION Ire.

Des Demandes de Brevets.

Art. 5. Quiconque voudra prendre un brevet d'invention devra déposer, sous cachet, au secrétariat de la préfecture, dans le département où il est domicilié, ou tout autre département, en y élisant domicile :

1o Sa demande au ministre de l'agriculture et du commerce ;

2o Une description de la découverte, invention ou application faisant l'objet du brevet demandé ;

3o Les dessins ou échantillons qui seraient nécessaires pour l'intelligence de la description ;

Et 4o un bordereau des pièces déposées.

Art. 6. La demande sera limitée à un seul objet principal, avec les objets de détail qui le constituent et les applications qui auront été indiquées.

Elle mentionnera la durée que les demandeurs entendent assigner à leur brevet dans les limites fixées par l'article 4, et ne contiendra ni restrictions, ni conditions, ni réserves.

Elle indiquera un titre renfermant la désignation sommaire et précise de l'objet de l'invention.

La description ne pourra être écrite en langue étrangère. Elle devra être sans altérations ni surcharges. Les mots rayés comme nuls seront comptés et constatés, les pages et les renvois paraphés. Elle ne devra contenir aucune dénomination de poids ou de mesures autre que celles qui sont portées au tableau annexé à la loi du 4 juillet 1837.

Les dessins seront tracés à l'encre et d'après une échelle métrique.

Un duplicata de la description et des dessins sera joint à la demande.

Toutes les pièces seront signées par le demandeur, ou par un mandataire dont le pouvoir restera annexé à la demande.

Art. 7. Aucun dépôt ne sera reçu que sur la production d'un récépissé constatant le versement d'une somme de 100 fr. à valoir sur le montant de la taxe du brevet.

Un procès-verbal, dressé sans frais par le secrétaire général de la préfecture, sur un registre à ce destiné, et signé par le demandeur, constatera chaque dépôt, en énonçant le jour et l'heure de la remise des pièces.

Une expédition dudit procès-verbal sera remise au déposant, moyennant le remboursement des frais de timbre.

Art. 8. La durée du brevet courra du jour du dépôt prescrit par l'article 5.

SECTION II.

De la Délivrance des Brevets.

Art. 9. Aussitôt après l'enregistrement des demandes, et dans les cinq jours de la date du dépôt, les préfets transmettront les pièces, sous le cachet de l'inventeur, au ministre de l'agriculture et du commerce, en y joignant une copie certifiée du procès-verbal de dépôt, le récépissé constatant le versement de la taxe, et, s'il y a lieu, le pouvoir mentionné dans l'article 6.

Art. 10. A l'arrivée des pièces au ministère de l'agriculture et du commerce, il sera procédé à l'ouverture, à l'enregistrement des demandes, et à l'expédition des brevets dans l'ordre de la réception desdites demandes.

Art. 11. Les brevets dont la demande aura été régulièrement formée seront délivrés, sans examen préalable, aux risques et périls des demandeurs, et sans garantie, soit de la réalité, de la nouveauté ou du mérite de l'invention, soit de la fidélité ou de l'exactitude de la description.

Un arrêté de ministre, constatant la régularité de cette demande, sera délivré au demandeur et constituera le brevet d'invention.

A cet arrêté sera joint le duplicata certifié de la description et des dessins mentionnés dans l'article 6, après que la conformité avec l'expédition originale en aura été reconnue et établie au besoin.

La première expédition des brevets sera délivrée sans frais.

Toute expédition ultérieure, demandée, par le breveté ou ses ayants cause, donnera lieu au payement d'une taxe de 25 fr.

Les frais de dessin, s'il y a lieu, demeureront à la charge de l'impétrant.

Art. 12. Toute demande dans laquelle n'auraient pas été observées les formalités prescrites par les numéros 2º et 3º de l'article 5, et par l'article 6, sera rejetée. La moitié de la somme versée restera acquise au trésor; mais il sera tenu compte de la totalité de cette somme au demandeur, s'il reproduit sa demande dans un délai de trois mois, à compter de la date de la notification du rejet de la requête.

Art. 13. Lorsque, par application de l'article 3, il n'y aura pas à délivrer un brevet, la taxe sera restituée.

Art. 14. Une ordonnance royale, insérée au *Bulletin des Lois,* proclamera, tous les trois mois, les brevets délivrés.

Art. 15. La durée des brevets ne pourra être prolongée que par une loi.

SECTION III.

Des Certificats d'addition.

Art. 16. Le breveté et les ayants droit au brevet

auront, pendant toute la durée du brevet, le droit d'apporter à l'invention des changements, perfectionnements ou additions, en remplissant, pour le dépôt de la demande, les formalités déterminées par les articles 5, 6 et 7.

Ces changements, perfectionnements ou additions, seront constatés par des certificats délivrés dans la même forme que le brevet principal, et qui produiront, à partir des dates respectives des demandes et de leur expédition, les mêmes effets que ledit brevet principal, avec lequel ils prendront fin.

Chaque demande de certificat d'addition donnera lieu au payement d'une taxe de 20 fr.

Les certificats d'addition pris par un des ayants droit profiteront à tous les autres.

Art. 17. Tout breveté qui, pour un changement, perfectionnement ou addition, voudra prendre un brevet principal de cinq, dix ou quinze années, au lieu d'un certificat d'addition expirant avec le brevet primitif, devra remplir les formalités prescrites par les articles 5, 6 et 7, et acquitter la taxe mentionnée dans l'article 4.

Art. 18. Nul autre que le breveté ou ses ayants droit, agissant comme il est dit ci-dessus, ne pourra, pendant une année, prendre valablement un brevet pour un changement, perfectionnement ou addition à l'invention qui fait l'objet du brevet primitif.

Néanmoins, toute personne qui voudra prendre un brevet pour changement, addition ou perfectionnement à une découverte déjà brevetée, pourra, dans le cours de ladite année, former une demande qui sera transmise et restera déposée sous cachet au ministère de l'agriculture et du commerce.

L'année expirée, le cachet sera brisé et le brevet délivré.

Toutefois, le breveté principal aura la préférence pour les changements, perfectionnements et additions pour lesquels il aurait lui-même, pendant l'année, demandé un certificat d'addition ou un brevet.

Art. 19. Quiconque aura pris un brevet pour une découverte, invention ou application se rattachant à l'objet d'un autre brevet, n'aura aucun droit d'exploiter l'invention déjà brevetée, et, réciproquement, le titulaire du brevet primitif ne pourra exploiter l'invention, objet du nouveau brevet.

SECTION IV.

De la Transmission et de la cession des Brevets.

Art. 20. Tout breveté pourra céder la totalité ou partie de la propriété de son brevet.

La cession partielle ou totale d'un brevet, soit à titre gratuit, soit à titre onéreux, ne pourra être faite que par acte notarié, et après le payement de la totalité de la taxe déterminée par l'article 4.

Aucune cession ne sera valable, à l'égard des tiers, qu'après avoir été enregistrée au secrétariat de la préfecture du département dans lequel l'acte aura été passé.

L'enregistrement des cessions et de tous autres actes emportant mutation sera fait sur la production et le dépôt d'un extrait authentique de l'acte de cession ou de mutation.

Une expédition de chaque procès-verbal d'enregistrement, accompagnée de l'extrait de l'acte ci-dessus mentionné, sera transmise, par les préfets, au ministre de l'agriculture et du commerce, dans les cinq jours de la date du procès-verbal.

Art. 21. Il sera tenu, au ministère de l'agriculture

et du commerce, un registre sur lequel seront inscrites les mutations intervenues sur chaque brevet, et, tous les trois mois, une ordonnance royale proclamera, dans la forme déterminée par l'article 14, les mutations enregistrées pendant le trimestre expiré.

Art. 22. Les cessionnaires d'un brevet, et ceux qui auront acquis du breveté ou de ses ayants droit la faculté d'exploiter la découverte ou l'invention, profiteront, de plein droit, des certificats d'addition qui seront ultérieurement délivrés au breveté ou à ses ayants droit. Réciproquement, le breveté ou ses ayants droit profiteront des certificats d'addition qui seront ultérieurement délivrés aux cessionnaires.

Tous ceux qui auront droit de profiter des certificats d'addition pourront en lever une expédition au ministère de l'agriculture et du commerce moyennant un droit de 20 fr.

SECTION V.

De la Communication et de la publication des Descriptions et Dessins de Brevets.

Art. 23. Les descriptions, dessins, échantillons et modèles des brevets délivrés, resteront, jusqu'à l'expiration des brevets, déposés au ministère de l'agriculture et du commerce, où ils seront communiqués sans frais, à toute réquisition.

Toute personne pourra obtenir, à ses frais, copie desdites descriptions et dessins, suivant les formes qui seront déterminées dans le règlement rendu en exécution de l'article 50.

Art. 24. Après le payement de la deuxième annuité, les descriptions et dessins seront publiés, soit textuellement, soit par extraits.

Il sera en outre publié, au commencement de chaque année, un catalogue contenant les titres des brevets délivrés dans le courant de l'année précédente.

Art. 25. Le recueil des descriptions et dessins et le catalogue, publiés en exécution de l'article précédent, seront déposés au ministère de l'agriculture et du commerce et au secrétariat de la préfecture de chaque département, où ils pourront être consultés sans frais.

Art. 26. A l'expiration des brevets, les originaux des descriptions et dessins seront déposés au Conservatoire royal des arts et métiers.

TITRE III.

DES DROITS DES ÉTRANGERS.

Art. 27. Les étrangers pourront obtenir en France des brevets d'invention.

Art. 28. Les formalités et conditions déterminées par la présente loi seront applicables aux brevets demandés ou délivrés en exécution de l'article précédent.

Art. 29. L'auteur d'une invention ou découverte déjà brevetée à l'étranger pourra obtenir un brevet en France. Mais la durée de ce brevet ne pourra excéder celle des brevets antérieurement pris à l'étranger.

TITRE IV.

DES NULLITÉS ET DÉCHÉANCES, ET DES ACTIONS Y RELATIVES.

SECTION Ire.

Des Nullités et Déchéances.

Art. 30. Seront nuls, et de nul effet, les brevets délivrés dans les cas suivants, savoir :

1° Si la découverte, invention ou application n'est pas nouvelle;

2° Si la découverte, invention ou application, n'est pas, aux termes de l'article 3, susceptible d'être brevetée;

3° Si les brevets portent sur des principes, méthodes, systèmes, découvertes et conceptions théoriques ou purement scientifiques, dont on n'a pas indiqué les applications industrielles;

4° Si la découverte, invention ou application, est reconnue contraire à l'ordre ou à la sûreté publique, aux bonnes mœurs ou aux lois du royaume, sans préjudice, dans ce cas et dans celui du paragraphe précédent, des peines qui pourraient être encourues pour la fabrication ou le débit d'objets prohibés;

5° Si le titre sous lequel le brevet a été demandé indique frauduleusement un objet autre que le véritable objet de l'invention;

6° Si la description jointe au brevet n'est pas suffisante pour l'exécution de l'invention, ou si elle n'indique pas, d'une manière complète et loyale, les véritables moyens de l'inventeur;

7° Si le brevet a été obtenu contrairement aux dispositions de l'article 18.

Seront également nuls, et de nul effet, les certificats comprenant des changements, perfectionnements ou additions qui ne se rattacheraient pas au brevet principal.

Art. 31. Ne sera pas réputée nouvelle toute découverte, invention ou application qui, en France ou à l'étranger, et antérieurement à la date du dépôt de la demande, aura reçu une publicité suffisante pour pouvoir être exécutée.

Art. 32. Sera déchu de tous ses droits :

1° Le breveté qui n'aura pas acquitté son annuité avant le commencement de chacune des années de la durée de son brevet;

2° Le breveté qui n'aura pas mis en exploitation sa découverte ou invention en France dans le délai de deux ans, à dater du jour de la signature du brevet, ou qui aura cessé de l'exploiter pendant deux années consécutives, à moins que, dans l'un ou dans l'autre cas, il ne justifie des causes de son inaction;

3° Le breveté qui aura introduit en France des objets fabriqués en pays étranger et semblables à ceux qui sont garantis par son brevet.

Sont exceptés des dispositions du précédent paragraphe les modèles de machines dont le ministre de l'agriculture et du commerce pourra autoriser l'introduction dans le cas prévu par l'article 29.

Art. 33. Quiconque, dans des enseignes, annonces, prospectus, affiches, marques ou estampilles, prendra la qualité de breveté sans posséder un brevet délivré conformément aux lois, ou après l'expiration d'un brevet antérieur ; ou qui, étant breveté, mentionnera sa qualité de breveté ou son brevet sans y ajouter ces mots : *sans garantie du Gouvernement*, sera puni d'une amende de 50 fr. à 1,000 fr.

En cas de récidive, l'amende pourra être portée au double.

SECTION II.

Des Actions en nullité et en déchéance.

Art. 34. L'action en nullité et l'action en déchéance pourront être exercées par toute personne y ayant intérêt.

Ces actions, ainsi que toutes contestations relatives à la propriété des brevets, seront portées devant les tribunaux civils de première instance.

Art. 35. Si la demande est dirigée en même temps contre le titulaire du brevet et contre un ou plusieurs cessionnaires partiels, elle sera portée devant le tribunal du domicile du titulaire du brevet.

Art. 36. L'affaire sera instruite et jugée dans la forme prescrite pour les matières sommaires par les articles 405 et suivants du code de procédure civile. Elle sera communiquée au procureur du roi.

Art. 37. Dans toute instance tendant à faire prononcer la nullité ou la déchéance d'un brevet, le ministère public pourra se rendre partie intervenante, et prendre des réquisitions pour faire prononcer la nullité ou la déchéance absolue du brevet.

Il pourra même se pourvoir directement par action principale pour faire prononcer la nullité, dans les cas prévus aux n°s 2°, 4° et 5° de l'article 30.

Art. 38. Dans les cas prévus par l'article 37, tous les ayants droit au brevet, dont les titres auront été enregistrés au ministère de l'agriculture et du commerce, conformément à l'article 21, devront être mis en cause.

Art. 39. Lorsque la nullité ou la déchéance absolue d'un brevet aura été prononcée par jugement ou arrêt ayant acquis force de chose jugée, il en sera donné avis au ministre de l'agriculture et du commerce, et la nullité ou la déchéance sera publiée dans la forme déterminée par l'article 14 pour la proclamation des brevets.

TITRE V.

DE LA CONTREFAÇON, DES POURSUITES ET DES PEINES.

Art. 40. Toute atteinte portée aux droits du breveté, soit par la fabrication de produits, soit par l'emploi de moyens faisant l'objet de son brevet, constitue le délit de contrefaçon.

Ce délit sera puni d'une amende de 100 à 2,000 fr.

Art. 41. Ceux qui auront sciemment recélé, vendu ou exposé en vente, ou introduit sur le territoire français un ou plusieurs objets contrefaits, seront punis des mêmes peines que les contrefacteurs.

Art. 42. Les peines établies par la présente loi ne pourront être cumulées,

La peine la plus forte sera seule prononcée pour tous les faits antérieurs au premier acte de poursuite.

Art. 43. Dans le cas de récidive, il sera prononcé, outre l'amende portée aux articles 40 et 41, un emprisonnement d'un mois à six mois.

Il y a récidive lorsqu'il a été rendu contre le pré-

venu, dans les cinq années antérieures, une première
condamnation pour un des délits prévus par la pre-
sente loi.

Un emprisonnement d'un mois à six mois pourra
aussi être prononcé, si le contrefacteur est un ouvrier
ou un employé ayant travaillé dans les ateliers ou
dans l'établissement du breveté, ou si le contrefacteur, s'étant associé avec un ouvrier ou un employé
du breveté, a eu connaissance, par ce dernier, des
procédés décrits au brevet.

Dans ce dernier cas, l'ouvrier ou l'employé pourra
être poursuivi comme complice.

Art. 44. L'article 463 du code pénal pourra être
appliquée aux délits prévus par les dispositions qui
précèdent.

Art. 45. L'action correctionnelle, pour l'application
des peines ci-dessus, ne pourra être exercée par le
ministère public que sur la plainte de la partie lésée.

Art. 46. Le tribunal correctionnel, saisi d'une
action pour délit de contrefaçon, statuera sur les
exceptions qui seraient tirées par le prévenu, soit de
la nullité ou de la déchéance du brevet, soit des
questions relatives à la propriété dudit brevet.

Art. 47. Les propriétaires de brevet pourront, en

vertu d'une ordonnance du président du tribunal de première instance, faire procéder, par tous les huissiers, à la désignation et description détaillées, avec ou sans saisie, des objets prétendus contrefaits.

L'ordonnance sera rendue sur simple requête, et sur la représentation du brevet ; elle contiendra, s'il y a lieu, la nomination d'un expert pour aider l'huissier dans sa description.

Lorsqu'il y aura lieu à la saisie, ladite ordonnance pourra imposer au requérant un cautionnement qu'il sera tenu de consigner avant d'y faire procéder.

Le cautionnement sera toujours imposé à l'étranger breveté qui requerra la saisie.

Il sera laissé copie au détenteur des objets décrits ou saisis, tant de l'ordonnance que de l'acte constatant le dépôt du cautionnement, le cas échéant ; le tout à peine de nullité et de dommages-intérêts contre l'huissier.

Art. 48. A défaut, par le requérant, de s'être pourvu, soit par la voie civile, soit par la voie correctionnel, dans le délai de huitaine, outre un jour par trois myriamètres de distance entre le lieu où se trouvent les objets saisis ou décrits et le domicile du contrefacteur recéleur, introducteur ou débitant, la saisie ou description sera nulle de plein droit, sans préjudice des dommages-intérêts qui pourront être réclamés, s'il y a lieu, dans la forme prescrite par l'article 36.

Art. 49. La confiscation des objets reconnus contrefaits, et, le cas échéant, celle des instruments ou ustensiles destinés spécialement à leur fabrication, seront, même en cas d'acquittement, prononcées contre le contrefacteur, le recéleur, l'introducteur ou le débitant.

Les objets confisqués seront remis au propriétaire du brevet, sans préjudice de plus amples dommages-intérêts et de l'affiche du jugement, s'il y a lieu.

TITRE VI.

DISPOSITIONS PARTICULIÈRES ET TRANSITOIRES.

Art. 50. Des ordonnances royales, portant règlement d'administration publique, arrêteront les dispositions nécessaires pour l'exécution de la présente loi, qui n'aura effet que trois mois après sa promulgation.

Art. 51. Des ordonnances rendues dans la même forme pourront régler l'application de la présente lci dans les colonies, avec les modifications qui seront jugées nécessaires.

Art. 52. Seront abrogés, à compter du jour où la présente loi sera devenue exécutoire, les lois des 7 janvier et 25 mai 1791, celle du 20 septembre 1792, l'arrêté du 17 vendémiaire an vii, l'arrêté du 5 vendémiaire an ix, les décrets des 25 novembre 1806 et 25 janvier 1807, et toutes dispositions antérieures à la présente loi, relatives aux brevets d'invention, d'importation et perfectionnement.

Art. 53. Les brevets d'invention, d'importation et de perfectionnement actuellement en exercice, délivrés conformément aux lois antérieures à la présente ou prorogés par ordonnance royale, conserveront leur effet pendant tout le temps qui aura été assigné à leur durée.

Art. 54. Les procédures commencées avant la promulgation de la présente loi seront mises à fin conformément aux lois antérieures.

Toute action, soit en contrefaçon, soit en nullité ou déchéance de brevet, non encore intentée, sera suivie conformément aux dispositions de la présente loi, lors même qu'il s'agirait des brevets délivrés antérieurement.

La présente loi, discutée, délibérée, adoptée par la Chambre des pairs et par celle des députés, et sanctionnée par nous cejourd'hui, sera exécutée comme loi de l'État.

DONNONS EN MANDEMENT à nos Cours et Tribunaux, préfets, corps administratifs et tous autres, que les présentes ils gardent et maintiennent, fassent garder, observer et maintenir, et, pour les rendre plus notoires à tous, ils les fassent publier et enregistrer partout où besoin sera, et, afin que ce soit chose ferme et stable à toujours, nous y avons fait mettre notre sceau.

Fait au palais de Neuilly, le cinquième jour du mois de juillet, l'an 1844.

LOUIS-PHILIPPE.

Par le Roi :

Le ministre secrétaire d'État de l'agriculture et du commerce,

L. CUNIN-GRIDAINE.

Vu et scellé du grand sceau :
Le garde des sceaux de France, ministre secrétaire d'État au département de la justice et des cultes,

N. MARTIN (DU NORD).

TROISIÈME PARTIE.   65

Réformes nécessaires pour donner aux brevets une valeur réelle.

APPENDICE.

FIN